あるがままの自分を生きていく

インディアンの教え

松木正
Matsuki Tadashi

大和書房

Today is a very good day to die.
Every living thing is in harmony with me.
Every voice sings a chorus within me.
All beauty has come to rest in my eyes.
All bad thoughts have departed from me.
Today is a very good day to die.
My land is peaceful around me.
My fields have been turned for the last time.
My house is filled with laughter.
My children have come home.
Yes,today is a very good day to die.

今日は死ぬのにもってこいの日だ。
生きているものすべてが、わたしと呼吸を合わせている。
すべての声が、わたしの中で合唱している。
すべての美が、わたしの目の中で休もうとしてやって来た。
あらゆる悪い考えは、わたしから立ち去っていった。
今日は死ぬのにもってこいの日だ。
わたしの土地は、わたしを静かに取り巻いている。
わたしの畑は、もう耕されることはない。
わたしの家は、笑い声に満ちている。
子どもたちは、うちに帰ってきた。
そう、今日は死ぬのにもってこいの日だ。

『今日は死ぬのにもってこいの日』
（めるくまーる刊）
ナンシー・ウッド著　金関寿夫訳

あるがままの自分を生きていく
インディアンの教え

CONTENTS

STEP 1

「自分」を受け入れる

「あるがまま」を求められる儀式……12
弱い自分をさらけ出すということ……17
「相手」と「自分」を分けて考える……23
本当に苦しいときに「自分」が見える……28
上手に喋りすぎると人は嘘をつく……32
伝統的な「痛みの儀式」という試練……37
「痛み」を受け入れると見えるもの……40
逃げていては「本物」は手に入らない……44

STEP

2

「恐れ」を飼い慣らす

シリアスになりすぎると大切なものが見えなくなる …… 48
自分の限界をつかむ …… 51
「矛盾と折り合いをつける」ということ …… 56
人の決めた「正解」に振り回されない …… 61
「強い絆」は不自由の象徴 …… 66
「ゆるみのある絆」が人生の支えとなる …… 71
心に「モンスター」を飼っている人 …… 75
「怒り」の元にある感情は「寂しい」 …… 79

STEP 3

自分の「芯」を強くする

人の根っこは「自己肯定感」……84
評価されなくても「自分」は「自分」……91
誰もが「自分の存在」を認めてほしい……96
「主体的」と「積極的」の違いとは？……100
他人とぶつかって自分の輪郭をつかむ……110
価値観が変わると「過去」も変わる……113

STEP 4

ひとりで生きようとしない

家族は拡大していくもの …… 118
「ヘルプ」が出せてこそ一人前 …… 124
1対1より「小さな集団」を頼る …… 127
「泣く」ことで自分を育てる …… 130
せっかくの親切も「受け取り上手」でないと損をする …… 135
「挨拶」で人はこんなに救われる …… 141
「自分の言葉」に責任をもつ …… 146

STEP 5

本当の「誇り」と「自信」を手にする

「物の扱い」は「友人の扱い」……152
「心の窓」を開くと強くなる……157
一人きりの時間が教えてくれること……164
自分の使命と出合う……168
オオカミのように群れで生きる……172
人と本気で感情をやりとりするという「冒険」……179
「自分らしい」に縛られず生きる……184
自分の物語を語る……188
おわりに……193

あるがままの自分を生きていく

インディアンの教え

STEP 1

「自分」を受け入れる

「あるがまま」を求められる儀式

闇に包まれたドームの中に、ぼくはいた。

中央の炉には、真っ赤になるまで焼いた石が何十個も積まれている。

石はまるで生命を与えられたかのように、闇の中でキラキラ輝いていた。

焼けた石にひしゃくで水が注がれ、ジュワッという音と共に蒸気が立ち上る。スウェットロッジ・セレモニーの始まりだ——。


アメリカ合衆国サウスダコタ州、シャイアンリバーリザベーション。

ここはインディアン・ラコタ（スー）族が暮らす居留区《きょりゅうく》だ。サウスダコタ州には、インディアン居留区が大小あわせて八つある。

インディアン居留区とはアメリカ合衆国インディアン管理局の管理下にある、先住民族の領有する土地で、住人にある程度の自治権が認められている。

その中の一つであるシャイアンリバーは、映画『ダンス・ウィズ・ウルブズ』の舞台となった場所。緑の草原が波うつ、スケールの大きな自然が広がっている。

１９８９年、ぼくはシャイアンリバーに初めてやって来た。インディアンの文化に憧れ、その精神にふれたいと願い、つてをたどって、「スーＹＭＣＡ」のスタッフになった。その当時ここは全米唯一の「インディアン居留区内にあるＹＭＣＡ」だったのだ。

ところが実際に住んでみると、ぼくが勝手に美化してイメージしていたインディアンの世界とは、かけ離れた空気が流れていた。

昼間から酒のボトルを抱え、焦点の定まらないうつろな目で街をさまようアルコール中毒者、誰かれかまわず「お金を貸してくれ」とせがむロングヘアーの男……。

アメリカ社会ではインディアンへの差別と偏見がいまだに激しい。

昔読んだある資料には、確か居留区内の失業率は63％、男性の平均寿命は49歳とされていたように思う。

税金や経済政策の面では優遇策がとられているが、生活保護を受けて暮らす人が多く、安定した仕事を持つ者はまれだった。

10歳にもならない子どもがアルコールを飲み始め、10代ですでにアルコールにおぼれて将来に希望を持てず、自ら命をたってしまう若者も後をたたない。

居留区内で暮らしていれば、税金は免除されるし、あたかも政府に守られているかのようだが、実際は物理的にも精神的にもコントロールされ、さまざまな意味で貧困から抜け出せない悪循環が続いていた。

ＹＭＣＡにやってくる子どもたちも、感情表現がうまくできず、何か気にくわないことがあると爆発的に怒りをあらわにする、そんな子が少なくなかった。

彼らとまともに向き合える関係を築くまでには、かなりの時間とエネルギーがかかると思われた。

しかしある日、ちょっとした転機がやってきた。

当時シャイアンリバーでは、ジャッキー・チェンやブルース・リーが男の子たちのヒーローだったため、ぼくが「空手ができる」というと、彼らの目の色が変わったのだ。

そこで、ＹＭＣＡに空手のクラスを作り、子ども達を集めて稽古をすることになった。その初めての稽古の日にフリーファイト（組手）をして力で圧倒したことをきっかけに、多くの少年といい関係を結べるようになった。

そんなぼくの姿を見ていた伝統派のラコタの人たちが、「あいつを一度セレモニーに連れてこい」と言い出したのだ。

部族のつながりを重んじ、伝統的な儀式を守り、次の世代にラコタの言葉や文化や価値観を伝えようとしている人たちが、居留区の中にいた。

こうして初めて参加したのが、冒頭の儀式「イニィピー」(スウェットロッジ・セレモニー)だった。

イニィピーはラコタに伝わる聖なる七つの儀式のひとつで、真っ赤になるまで焼いたいくつもの石を、柳の木で作られたドーム状のテントの中に入れ、閉め切った空間の中で水をかけ、スチームサウナのような状態を作り出す。

たくさんの汗を流すため、英語で「スウェットロッジ・セレモニー」と呼ばれている。

スウェットロッジは、ドーム状のテントを大地の子宮に見立てている。子宮に回帰し、心と身体を浄化し、再び生まれ変わるというセレモニーだ。

儀式の場に行くと、ファイヤーキーパー(火の番人)をしていた青年がひとりの老人を紹介してくれた。

「ぼくのアンクルで、メディスンマンです」

メディスンマンとは一族の精神的リーダーで、儀式を取り仕切る人だ。

また、彼らをとりまいているさまざまな精霊(スピリット)の言葉を通訳する人でもある。彼の名はロイ・サークル・ベアといい、人々は尊敬をこめてアンクル・ロイと呼んでいた。

参加者全員がスウェットロッジ内に車座になった。スピリットを招き入れる歌をうたってから、中央に置かれた真っ赤な石の上にロイが水を注ぐ。

ピシィーッという雷にも似た音とともに、激しい蒸気がドーム内を一気に満たした。息苦しいほどの熱気に包まれ、全身からどっと汗が噴き出す。体中の毛穴という毛穴が開き、汗が出る。目から流れ出ているものが汗なのか涙なのかわからなくなると、もう「考える」ということができなくなる。

さっきまで焼け石に照らされてボワッと赤く明るかった空間は、今や自分の指をかざしても何も見えなくなった。声は聴こえるが、みんなが笑っているのか真顔でいるのかさえわからない。

闇の中に意識だけがポワーンと浮かんでいるような気分になる。

スウェットロッジの主な目的は、この浄化された身体の内側から湧きあがる祈りを、彼らの創造主であるところの「ワカンタンカ」に送り、呼びかけることだ。

日本人であるぼくらが一般的に知る「祈り」というのは、たいていきちんと言語化されている。ちょっと乱暴な言い方かもしれないが、理性的だ。

「健康でありますように」とか「合格しますように」とか「幸せになれますように」とか、少なくともぼくが知っている祈りとは、そういうものだった。

しかし、ここでラコタの人たちがしている祈りは、自分の知るものとは違っていた。

「つらくてつらくて、しかたないのです」と言う人もいれば、「どうしたらいいかわかりません、助けてください」と泣く人もいる。つらいと言うことすらできなくて、声をふるわせてしばらく叫ぶだけの人もいた。

弱い自分をさらけ出すということ

居留区の状況は決して平穏で幸せに満ちあふれているものではない。

自分も苦しみを抱えているし、身近に苦しみを抱えながら生きている人もたくさんいる。

そのためか、「助けてほしい」と泣きながら祈る人が多かった。

もっとも衝撃だったのは、入り口のちょうど反対側に座っていた二人の男性だ。

セレモニーが始まる前から、彼らの存在感は圧倒的だった。1メートル90センチはあろうという身長に130キロはありそうな、ごっついおっちゃんだった。大きな身体に赤銅色の肌。鷲鼻《わしばな》で、まるで昔の写真に出てくるインディアンの戦士みたいだ。

その二人のおっちゃんが、自分の祈りの番になると、ものすごい勢いで泣くのだ。

「ウワーン、ウオーン、オウオウオウオウ」

闇の中、慟哭《どうこく》する声が聴こえてくる。

ぼくはあっけにとられた。マッチョな生き方にしがみついていた当時のぼくにとって、理想的な風貌を持つ人たちが泣いている。

ぼくは、「男は強くないとあかん」「男は泣いたらあかん」と言われて育ってきた。生まれ育った街にも、いかついおっちゃんはいっぱいいたが、その人たちがつらくて苦しくて……とストレートに泣く場面には一度も出くわしたことはない。

だからぼくも、大人になってからは、周囲に弱音を吐いたことがなかった。京都でも伏見という泥くさい地域で育ったからだろうか。「弱音をはかないこと」が男にとって大切だという美意識を、どこかで持っていたように思う。

ただ、ぼく以外のスウェットロッジ・セレモニーの参加者は、彼らの涙をごく当たり前のものとして受け入れているようだった。暗闇の中から、顔は見えないけれど声が聴こえてくる。

「ホー」

「ホー」

その声は、何度もあちらこちらから聴こえてきた。「そうなんだね」「わかるよ」という共感を表す、インディアン流のシンプルな相づちである。**人の言葉を遮《さえぎ》ったり批判したりせず、ただよりそうように「ホー」と言ってその人の「あるがまま」を受け入れている。**

それがこの空間を、なんとも温かなものにしていた。

「ここでは強い自分でなくても大丈夫なんや。そのままの自分でええんや」

言葉でそうはっきりと認識したわけではないが、安心を感じつつあったと思う。

いよいよ自分が祈る番がきた。セレモニーが始まる前、祈りの言葉を一生懸命頭で考えたはずだが、激しい蒸気と熱気の中で吹っ飛んでしまった。こらえていた涙がぽたぽた流れ、こみあげる感情が言葉になってあふれてくる。

インディアン居留区に来て以来、ギクシャクした空気の中、仕事も人間関係もぼくの都合通りにはいかなかった。日本でたくさんの子どもたちと関わっていく中で築いた「よい教育者」という自信が折れそうになり、なかばホームシックにもかかっていた。

そんな、押しこんでやりすごしてきた感情がいっきに決壊《けっかい》した。本当は悲しかったし、寂しかったし、苦しかった。そんな自分の「ダメ」な気持ちが、出るわ出るわ止まらなくなったのだ。ついでに涙も止まらなくなり、最後は小さな子どもが泣いているみたいにしゃくりあげる感じになっていた。ぼくは、あるがままの自分を生まれて初めてさらけ出した。

このシチュエーションは、ぼくにとっては思いがけない冒険だった。それまで「あるがまま」という言葉は、聴いたことはあった。しかし、意味を考えたこともなければ、それがどんな感じなのか実感することもなかった。

長年培ってきた「男はこうでないと」という信念や思いこみが、その実感を遠ざけていたのだと思う。自分のあるがままの姿にフタをして、「よき男」を演じていた。

しかし想定外に暑く、すさまじいほど息苦しいスウェットロッジの中で、理性はふきとび、思いこみのフタはポンとはずれた。

「どんなことを言っても大丈夫。ここでは弱い自分を見せてもいい」

「ホー」という相づちによって、そういう空気が生まれていた。だから、まわりがどう思うか、この場の空気に合うかなどにとらわれず、ただ素直に自分の心の内にある感覚をそのまま語る冒険ができた。

ロイは儀式の前にこうも言った。

「もし、自分の今の思いを祈りにできないときは、『ミタクイエオヤシン』と言うだけでもいい。その言葉に託せばいい」

「ミタクイエオヤシン」とは、「私につながるすべてのものたちよ」という意味の、ラコタの大切な言葉だ。キリスト教の「アーメン」のように、祈りの最後に必ず添える言葉でもある。

無理に何かを言わなくてもいい、ただその「つながり」の中にいる自分を感じて、そこに「在る」だけでいいというのも、安心できる要素のひとつだった。スウェットロッジの空間が大きな安心感で満たされていた。

ラコタの人の中にも、儀式に参加する人としない人がいる。

儀式に参加しない人の中には、仕事にありつけず、自分の存在に実感を持てず、数世代にわたってアルコール中毒が連鎖していることも多い。家庭は本来の「安心な場所」としての機能を失い、その喪失感をまたアルコールでうめようとし、負の連鎖が続く。

ひとりの人間が抱えこめる悲しみ、寂しさ、苦しみは、胸に手を当てて抱きしめられる程度のキャパシティーだ。そのキャパを超えたとき、どこにどんなふうに救いを求めるかで、人生は変わってくる。

儀式に参加する人たちは、こうした安心の場を持ち、あるがままの自分を無理なくさらけ出すことで、自分の手に負えぬほどの悩みや問題を抱えこまなくてすむのだと思う。

振り返ってぼく自身について考えると、ネガティブな感情を「弱さ」と思いこみ、その感情を隠していた。

そのままいったら、小手先の技術で子どもたちと向き合ったり、力でコントロールして関係を作ってしまったかもしれない。そして、いずれその関係が破たんしたとき、自分に落胆し、見せかけの自信がポキンと折れてしまっただろう。

スウェットロッジで自分の思いを聴いてもらうと、つながりの中にいる自分を感じ、ひとりきりではないと思える。

張りつめていた心にすき間ができる。

抱えている問題そのものはネガティブでも、「今、ここ」の場が温かく守られていて安心できる。

根拠はなくても今の状況を乗り越えられそうな気になったり、行動する意欲も湧いてくるのだ。

「相手」と「自分」を分けて考える

生まれ変わりの儀式「スウェットロッジ・セレモニー」が終わると、東のドアが開かれた。

東は太陽が昇るところだ。1日の始まりの方向であり、再生のメディスン（不思議な力）をもたらす方角でもある。

背の低いロッジからハイハイして外に出ると、初めて自分の体が小刻みに震えているのがわかった。サウナのような空間に4時間近く座っていたから、熱中症のような症状になっていたのだ。

目の前に広がるのは、サウスダコタの大平原と星空だった。

ぼくはよつんばいのままふらふらと草原に向かって進み、その場にバタリと倒れこんだ。

他のメンバーは毎週のようにスウェットロッジに入っているから慣れたものだ。彼らは1週間に一度生まれ変わっているのだ。儀式中は激しく泣いていたおっちゃんたちも、清々しい顔で仲間と談笑してタバコをふかしている。

ぼくは身体がしびれて起き上がれないことが恥ずかしかった。

なんとか起き上がろうと試み、顔を少しだけ横に向けた。

遮るもののない大平原では、少し顔を上げるだけで星のまたたきが見える。その日のシャイアンリバーは満天の星だった。

草むらに這《は》いつくばるぼくに、星が話しかけてきた。

「ええねんで。そのままでええねんで……。ええやんそのままで」

声は、何度も聴こえてきた。

「星は関西弁でしゃべるんやなあ」

笑い話みたいだが、本当にそんなことを思いながら星を眺めていたら、またストーンと力がぬけた。涙が再びシューンと頬をつたう。そのまま大地に抱きついて泣いた。


そのとき、草むらの中で動けないぼくを見ていたのは、星だけではなかった。

メディスンマンのロイが、スウェットロッジの脇で、パイプ椅子に座ってタバコをふかしながらぼくを見ていたのだ。

ロイは、ぼくが落ち着いた頃合いを見計らって手招きをした。

「タダシ、ここに来なさい」

よろよろとほふく前進し、ロイの横にひざを抱えて体育座りになった。まるでおじいちゃんと孫が並んでいる図だ。

真正面に広がる平原の星空を見ながら、おじいちゃんはぼくに質問をした。

「この大地に生きるものにとって、一番大事なのは何かわかるか？」

突然投げかけられた壮大なテーマの問いに、ぼくは即座に答えることができなかった。

黙っているとロイが言う。

「faith、信頼だよ。信頼のないところには、何も起こらない」

わかったような、わからないような、謎解きみたいな言葉だった。ロイの質問は続いた。

「faith は何から始まるかわかるか？」

またもや難しい質問だ。ぼくの返事を待たずにロイは言った。

「accept、受け入れることだ」

知ってはいるがあまり使いなれない単語だった。

「信頼」という言葉で、ぼくの心には「believe」や「trust」など、「信じる」の同意語が浮かんでいたので、「accept」ではすぐにはぴんとこなかった。

信頼とは受け入れること――。

その言葉を反芻《はんすう》するうち、じわりとしみてくるものがあった。たった今、スウェットロッジでぼくが弱さをさらけ出せたのは、周囲の人に受け入れてもらったからだ。

ロイの話は続く。

「受け入れる（accept）とは、思いを分かち合い（share）、相手は今こう感じているんだろうなあと受けとめ、相手への共感を示す（empathy）ことだ」

分かち合うとは、相手と自分を「分かつ」ことだ。つまり、自分にとって賛成か反対か、自分と合うか合わないか、同感（sympathy）できるかどうかということではない。

目の前の相手を「あるがまま」尊重し、自分のこととして解釈したり自分の枠組みで考えたりせず、相手の今に寄り添うことだ。

そこにあるのは、「あなたを信じる」（believe）というときのような、相手への変な期待感はない。「そのままでOK」と受け入れるだけだ。

「君は、そう感じているんだね」

自分と相手を分け、相手の「今」を純粋に丸ごと受けとめる。信頼（faith）とは、そこから始まる。

スウェットロッジでは、何を語ってもいい。絶対に存在が否定されることはない。そういう安心感のある空間だった。

ラコタの人たちにとって、スウェットロッジという儀式は自己肯定感、つまり「私は存在していていいんだという安心感」を育てる場になっている。

その感覚は、胎児がへその緒で胎盤とつながっている安心感に似ている。まさに子宮回帰＝イニィピーだ。

「そのままでいいんだよ」

そう言ってみんなが認めてくれて、自分のために歌ったり祈ったりしてくれる。ありのままを認められると、人は素直な自分や弱い自分を語ることができる。今いるところから一歩踏み出し、冒険してみようという気持ちになる。

仮に、スウェットロッジの中で「おまえの考えは甘い！」などと叱られたらどうだっただろう。メディスンマンが聖職者として善悪をさばく存在だったら……。びくびくしてぼくは、何も言えなかったかもしれないし、相手の目を気にして言葉をとりつくろったかもしれない。

だが、そうやって「誰かにとって都合のいい自分」になって受け入れてもらうことは、本当の受け入れ（accept）ではない。大切なのは、「あるがままの自分」で受け入れてもらうこと。

そうすれば他の人に対しても、あるがままを受け入れられるようになる。信頼(faith)はそこに生まれるのだ。

本当に苦しいときに「自分」が見える

ラコタに伝わる聖なる儀式のひとつに、「サンダンス」＝ウィウァンヤグ・ワチピ(太陽を見て踊る)がある。その名の通り、日の出から日の入りまで、太陽に向かって踊る儀式だ。

焼けつくような太陽の下、ダンサーたちは飲まず食わずで4日間、1本の木を前にして踊りながら祈り続ける。真夏の、もっとも過酷で神聖な儀式だ。

ぼくが初めてサンダンスに参加したのは2000年のこと。その年から5年連続してパインリッジ居留区でのサンダンスに参加することになるのだが、ちょうどその5年間は現地で8年間続いた記録的干ばつの年と重なっていた。

日照り続きで、サウスダコタ州全域で花火禁止令まで出ており、すべてのキャンプファイヤーは禁止されていた。小さな火の粉が飛ぶだけでひと抱えもある太い薪に火がつくほど、大地はカラカラに乾いていた。

それでも儀式は行われた。

炎天下、何度かの途中休憩をはさんで、日の出から日没まで儀式は続く。サンダンス・グラウンドでは、日中の気温は50度くらいまで上がっていたのではないだろうか。

草のはえないむき出しの大地は、焼けたビーチの砂のように熱く、素足の裏の感覚が麻痺してサボテンを踏んでもわからないくらいだった。

ダンサーは極限まで体力を奪われ、休憩中も体が痛くて苦しくて、体をよじって耐えるような状態になる。水を飲めないことが、ここまでしんどいことなのかと思い知らされた。

この年は、誰にとっても想定外の暑さだったのだろう。2日目が終わった段階でリタイアする人が続出した。ファイヤーキーパーなどでサポートに入ってくれた人まで倒れるほどだった。

セレモニー中の4日間、ダンサーたちは朝のダンス前と夕方のダンス後、スウェットロッジに入って身を清める。そこでひしゃくに半分くらいの水を口にする。1日に飲める水分はそれだけだ。しかし、最初の年は誰にとっても経験したことがないくらい暑かったようで、2日目のサンダンス終了後に特例でオレンジジュースが紙コップ1杯ふるまわれた。

誰もが素直に喜んで飲んでいたが、ぼくは気がすすまなかった。こんなに全身が渇いた状態のときにジュースを飲んでしまったら、間違いなくのどが渇いて地獄をみるにちがいない。どうせ飲むなら水のほうがいい。

そのとき、ふと目についた水があった。スウェットロッジが終わっていたので、ロッジの外にバケツが出ている。焼けた石にかける水のバケツだ。あの水を飲めないか……。

その年は、友人でハワイ大学在学中のS君がファイヤーキーパーとしてサポートスタッフをしていた。

「オレンジジュースはキャンセルして、水にするわ。ジュースと同量の水をコップに汲んできてくれへんかな」

S君に頼むと、「わかりました」と言ってすぐに汲んできてくれた。

一気に飲むと、渇いた体に水が染みわたった。そして自分のテントに入ったとき、ふと思った。

「さっきの水、誰にもきかんと飲んでしまったけど、ほんまによかったんやろうか?」

儀式にはさまざまな決まりがあるはずだ。

気になりだしたら、考えが頭から離れなくなった。このままではおちおち眠ることもできない。

ぼくは意を決して、サンダンスの進行役を担っていた、エバレット・ポアサンダーのテントに出向いた。

「ちょっと質問があるんです。みんなはオレンジジュースを飲んでいましたが、もし可能なら、同量の水を飲みたいんです。いいですよね？　スウェットロッジの前の水でいいので……」

すでに水は飲んでしまっていたのに、ぼくはそんなきき方をした。逃げ道を作りたかったのかもしれない。

そのとき、エバレット・ポアサンダーの顔色が変わった。

「ノー！　水は神聖なものだ。ましてスウェットの水は特別なものだ」

飲んではいけない水を、ぼくは飲んでしまった――。

ショックだった。

黙ってとぼとぼ自分のテントに引き揚げる。罪悪感が心の中でどんどんふくらんでいった。

スウェットロッジでは、儀式の最初にバケツの底を焼けた石につけ、祈りを込めて「ウィチョニ」と言う。ラコタ語で「生命」という意味だ。

スウェットロッジでは、水は人の生命を支える大切な「メディスン」として扱われていることを思いだした。

上手に喋りすぎると人は嘘をつく

サンダンスは、4年連続して踊るのが慣習になっている。

ぼくはまだ1年目。始まったばかりなのに、しょっぱなで完全につまずいてしまったことになる。

テントに戻ってからも、苦しい思いは消えなかった。

「あかんあかん。なんぼ考えてもあかんことをした……。もういっぺん行こう！」

決意して再びエバレット・ポアサンダーのテントに向かう。

そして思い切って告白した。

「さっき、水を飲んでいいかときいたけれど、実はもう飲んでしまったんです」

エバレット・ポアサンダーの表情がまた変わった。普段の彼は、たいていまわりの人たちを笑わせているので、こんなシリアスな顔は見たことがない。

厳しい顔で彼は言った。

「木にぶら下がれ」

それがどういうことなのかは、サンダンサーなら誰でもわかる。自分でも血の気が引いていくのがわかった。

サンダンスは、4日間飲まず食わずで踊る苦行だ。しかしそれだけではない。最終日である4日目の最後は、男性のダンサー全員がピアシングをする。

ピアシングとは、チョークチェリーの枝を削った太さの10センチ程のピアスを、両胸に左右一本ずつ通す行いだ。そのピアスとグラウンドの真ん中に立てられたふたまたの巨大なコットンウッドの木（＝聖なる木）をロープでつなぎ、祈りを込めて引っぱる。引っぱることで身を引きちぎり、自由になるのだ。

しかし、最終日にいっせいにピアシングをするだけではなく、希望者に合わせてさまざまな形のピアシングが、途中にもおこなわれる。

その中の一つが「木に吊られる」ものだ。

極太のピアスを胸と背中に突き刺し、ロープを結んで聖なる木とつないで引っぱり上げ、宙吊りになる。そして、肉が裂けて断ち切れるまでぶら下がるのだ。これを「ハンギング」という。

想像するだけで痛みに襲われるような苦行である。サンダンス中何人かのダンサーがこれを行う。

なぜ、そのような苦しみを負うのか。

宇宙は常にバランスをとろうとする。**この世には良きことがあれば、悪しきこともあり、それはいつもバランスの中で起こる**というのがラコタの人たちの考えだ。

その悪しき苦しみを肉体の痛みをもって引き受ける。それも家族や仲間を代表して引き受けるのである。

ただし、ダンサーの誰もが吊られる形を選ぶわけではない。**ラコタのセレモニーはすべて主体性が問われる。自分で決めて選ぶのだ。**結局3年目のサンダンスでぼくは自らハンギングを選ぶことになるのだが、エバレットに「ぶら下がれ」と言われた年は、初めて参加するサンダンスだったし、今すぐ木に吊られる心の準備などできているはずがなかった。

「それくらい、やったらあかんことをしてしまったんや……」

エバレットが、じっとこちらを見ていた。ぼくの頭の中では高速で罪悪感がふくれあがってゆく。何かもっともらしい言い訳をしようかと思ったが、どれも結局はウソをつくことだ。

「苦しくても、今ある気持ちから逃げたらあかん」

と思い、胸をしめつけられるような気持ちを抱いて、黙っていた。

沈黙が2〜3分も続いただろうか。その息苦しい空気を破って、エバレットがしっかりした口調で言った。

「タダシ、オマエは私を強くしたよ」(You made me strong)

意味がわからず彼の顔を見ると、いたずらっ子のようないつもの顔をして笑っていた。

「ええっ？　そこまで引っ張っといて……冗談⁉」

あれほど胃がギリギリしていたのに、この結末に全身から力が抜けていくようだった。

エバレットはすかさず力強く握手した。

「おそらくおまえは、すごく迷って私のところへ言いに来たんだろう。そして本当のことをそのまま話してくれた。その正直さが、私のことも強くしてくれたんだよ」

次第に胸に温かいものが満たされていくのを感じた。

彼の笑顔を見ているとぼくも笑いがこみあげてきて、気がついたら一緒に笑っていた。

勇気を出して正直に言いに来てよかったと思った。

サンダンス1年目の、強烈な思い出である。

正直であること。

素直でいること。

本気でやること。丁寧に見ること。

これらは、ぼくがリザベーションでラコタの人たちと深く関わって、特に意味深く感じるようになったことだ。

ラコタの人たちはセレモニーの中でパイプを手にして祈る。パイプはまさに創造主であるワカンタンカや、さまざまなスピリットが存在する世界とのパイプになるツールであり、祈りの波動を送り届けるツールである。

ラコタの人は祈りのことを、「声を送る」と表現する。パイプを通して呼びかけ語りかけると、返答もパイプを通してスピリットの世界から送り届けられてくる。ゆえにパイプを手にして祈るとき、そこに大いなる存在を感じているわけだ。

白人が海を渡ってきてまもなく、インディアンの多くの部族は屈服せざるを得なくなった。そこでさまざまな約束ごとがインディアンと白人の間で交わされた。そのときはいつもパイプを手にして祈りが捧げられた。

紙に書かれた条約が合意に至ったときも、輪になりパイプが回され、さまざまな想いが煙にのって運ばれていった。にもかかわらず、白人たちは紙に書かれた長い長い約束を、いとも簡単に破っていったのである。

「インディアン嘘つかない。白人嘘つく」

西部劇の映画の有名なセリフは、ここから来ている。

ラコタの人たちがセレモニーで祈るときには、自分の内側にある言葉を、正直に声にする。ラコタの年寄りたちが祈っている言葉は、詩であり歌のようだ。

自分の内側にある思いと、自分が紡ぎだす言葉にギャップが起こらぬよう、ひとことひとこと選びとるように語っている。

アンクル・ロイがぼくに言ったことがある。

人は上手に喋りすぎると嘘をつく。

あるがままに正直で素直であるとき、人はそんなに饒舌《じょうぜつ》ではないのかもしれない。

伝統的な「痛みの儀式」という試練

サンダンスの1年目、「木にぶら下がれ」と言われて怯《ひる》んだぼくだが、3年目の夏、自らハンギングを行うことを選んだ。

そのころぼくは、日本に帰国し、ラコタの人たちから学んだセレモニーのエッセンスを現代風にアレンジしてワークショップを行うことが増えていた。それらを窓口にしてぼくのもとを訪れる人たちは、何かワケありで、大きな不安や恐れや苦しみをもっていることが多かった。

時間のゆるすかぎり、その人たちに寄り添って、何かしらの支えになりたいと思っていたが、そのすべてを受けとめることはそう簡単ではないと痛感していたころだった。

サンダンスでの自分の大きなテーマは「受け入れる」だった。感覚的にだが、「今、大きな受け入れがたいものと対峙《たいじ》しなくては、ぼく自身がこわれてしまう」と、漠然と感じていた。

人々の不安や恐れ、孤立する恐怖などを痛みという形で引き受けたい。論理では説明しがたいモチベーションが、ぼくの中に芽生えていた。そこで選択したのがハンギング＝木にぶら下がることだった。

サンダンスの儀式全体を取り仕切っているのは、マーヴィン・ヘルパーというパインリッジ居留区では誰もが知るメディスンマンだった。

パインリッジ居留区だけでも、ひと夏に18ものサンダンスが、さまざまなコミュニティーで進行しているときいたことがある。近年は、現代人に合わせてセレモニーの厳格さも幾分弱まり、ゆるやかにアレンジされたものが多い。しかしマーヴィンのサンダンスは、おそらく何百年もこの平原に生きたラコタの伝統的でストイックな儀式のままだった。

木に吊られるときに使うピアスは、チョークチェリーの木を削り、胸の2ヶ所に刺す。人によっては背中2ヶ所も追加して刺す人がいる。体重が重いと、吊られる前に切れてしまうからだ。胸は乳首の少し上あたり、背中は肩甲骨のあたりに刺す。ピアシングに使う木は自分で選び、自分で削る。

マーヴィンにはふたつのことを教わった。

ひとつは、ピアスに使う木は通常の胸のピアスより「太い方がいい」ということ。通常のピアシングに使う鉛筆大の細い枝では、万が一折れてしまったときに体に突き刺さってしまうからだ。

マーヴィンが若いころに実際使ったピアスを見せてもらったが、それは最近のダンサーが使っているものよりはるかに太かった。当時はチョークチェリーの木だけでなく、バッファローの骨を使うこともあったという。

もうひとつは、「木の先端は丸くする」ということ。メスで体に小さな切りこみを入れ、そこからぐっと力を入れて刺していくので、先が尖っていると引っかかる。丸くなめらかに削ったほうがスムーズに入るのだ。

親指くらいの太さの木を選び、先端を丸く削った。実際に削りながら、「本当にこんなものが自分の体に入るのか」と考えるだけで気分が悪くなった。こうして、見たこともないほど太いオリジナルピアスが完成した。

吊られる前に他のダンサーに見せたら「ホンマでっか?」という顔をされた。「ピアシングマン」にそのピアスを手渡し、聖なる木の根もとに敷かれたバッファローの毛皮の上に横になった。

「痛み」を受け入れると見えるもの

ラコタの人たちは、ピアシングをしてもらうとき、「深く入れてくれ」とピアシングマンに告げるという。スピリットと、胸を切る相手への信頼（faith）を示すためだ。

ピアシングをしてもらう側には覚悟と受け入れの気持ちが必要だが、それと同様ピアスを入れる側にも覚悟とすべてを受け入れる気持ちがいる。

ぼくも後にピアシングマンを経験したとき、その気持ちがわかった。メスは一度躊躇《ちゅうちょ》してしまうと切れなくなる。不慣れな人にやられると、切れ味が悪いのと時間がかかるので痛みが倍増するのだ。

だから、ぼくも覚悟を決めて力強く言った。

「深く入れてくれ！」

……ううっ！

尋常《じんじょう》ではない痛みが体を貫いた。一説によるとこの痛みは陣痛を男性に経験させるためのものだとも言われている。

気づくと胸から大量の血が流れていた。ピアスが貫通している部分の皮膚は変色し、自分の体とは思えぬほど異様な姿に変形していた。

ピアシングをする前、マーヴィンは言っていた。

「この世で経験する痛みのうち、最もすごいものだよ」

胸は心臓に近いため、さまざまな神経が通っていて敏感だ。ハートに痛みを感じる場所だからこそ、サンダンスではここにピアシングをするのだろう。

胸に刺した木に細いロープを結びつけ、中央に立つ聖なるサンダンスツリーの二股の部分に通された太いロープとつなぎ合わせる。そのロープが引っ張られると、自分の身長の倍くらいの高さまで吊り上げられた。

（イーーーッ、イタタタタッ）

心の声が叫ぶ。通常のピアシングとは比較しようがない種類の痛みが襲ってくる。

覚悟はしていたが、想像を絶する痛みだった。

（痛い、痛い、痛い、痛い……！）

痛いけれど、どうしようもない。胸の2ヶ所で空中に吊られてしまっては、いかなる手だても存在しようがない。

究極の痛みは、もう受け入れるしかないというところまで行き着く。

（痛みから逃げるのではなく、その感覚を受け入れよう）

どこかの瞬間でスイッチがそんなふうに入ったのだと思う。受け入れ始めてまもなく、肩に全力で入っていた力がふっと抜けた。

「痛い、痛い」と抵抗している間は、体がギューッと硬くなっている。凍るような冬の日に、駅のホームで肩が縮こまっているのと同じだ。

でも、受け入れてしまうと、いかり肩になって緊張していた身体が、まるでマリオネットのようになって、全身の力がだらりと抜ける。

やがて、不思議なくらいの静寂が訪れる。胸の肉が少しずつ裂け始めるのがわかった。

死の直前というのは、走馬灯のように自分の生きてきた道が頭をよぎっていくという。そのときはまさにそんな状態で、意識が肉体を離脱していった。

夢かうつつかわからない世界で、目の前に次から次へと人が現れては消え、また次の人が現れた。ぼくと出会い、関わってくれる愛する人たち。その人たちのために、深く深く祈った。

静かだった。時間の感覚さえまったくわからなかった。

セレモニー後、マーヴィンが今まで行ってきたサンダンスの中で、木に吊られた時間が誰よりも長かったとぼくに言った。

これはぼくにとって新しい「受け入れる」経験だった。

体の中に起こる感覚にただただ意識を向けた。起こっているプロセスを操作せず、そのまま受け入れてのっかってしまうと、視覚・聴覚・内感覚などのチャンネルが開く。いつもは見えない何かが見えたり、何かが聴こえたり、体が表現しだしたりするということを体感した。

今、ここに起こっている感覚をつかまえ、逃げたり遠ざけたりせずそのまま受け入れて意識を向け続けると、何か大切なものが浮上してくる。

痛みを受け入れると心が静かになる。

静かな心でいると心の中で何かが展開し始めるのだ。

逃げていては「本物」は手に入らない

サンダンスではさまざまな痛みを体験する。

サンダンスを通して明確に理解したのは、**肉体の痛みはひとつの象徴である**ということだった。異物が刺さったり苦しかったりするのは心も同じで、サンダンスで経験する痛みは、人生の中で経験している痛みの表れだとぼくは思っている。

痛みはとても感覚的だ。

木に吊られる直前というのは、過去の思い出の中から湧き出た不安と、未来から忍びよってくる恐れの感覚に包まれていた。

とてつもない重圧の中で「深く入れてくれ！」と言ったときの感覚は、それをそのまま受け入れた感じだった。痛くて痛くてどうしようもない状況から、「受け入れるしかない」と抵抗するのをやめたとき、それは頭で考えたわけではなく、完全に「受け入れスイッチ」が入った感じだ。

人は何かを体験しているとき、そのシチュエーションに似た過去の感覚とその結果を思い出す。人の体には、今まで経験した安心の感覚も痛みの感覚も、すべて記憶されている。心地よい「快」の感覚なら、それをまた味わいたいという気持ちが生まれるが、不快な感覚からは逃げたくなる。

「痛み」は傷つくことと結びついているので、反射的に逃げたくなる。また、それを予感すると不安や恐れが生じる。

受け入れられずに逃げることをくり返してその場をしのいでいると、傷つくことや痛みからは逃れられるが、深く出会うべき人や、本当に愛し合える人や、出会うべき無限の喜びの瞬間まで逃げていってしまう。

「人は、自分自身や他者をよりよく受容するようになることを通して、成長することを学ぶ」

と言ったのは、社会心理学者のJ・R・ギブである。

「受け入れる」とは、一個人が成長していくプロセスであり、他者との関係性が深まって

ゆくプロセスとも直結しているという教えだ。

人の悩みの多くは、「親を」「子どもを」「恋人を」「仲間を」「自分を」「嫌な感情を」受け入れられない、ということではないだろうか。

たとえば、過去のつらい恋愛経験から、もう恋愛はしたくないと思っている人。

友だちに裏切られた経験から、人を試すようなことばかりして遠ざける人。

勝負の場面で負けたくないと、土俵から降りてしまう人……。

そこにはいつも、大切なものを失って傷つく不安や、痛みに対する恐れがある。

ぼくにとって、「深く入れてくれ！」と言ってピアスを突き刺しひきちぎった傷あとは、人の痛みを深く受け入れる覚悟の表れだったように思う。

STEP

2

「恐れ」を飼い慣らす

シリアスになりすぎると大切なものが見えなくなる

ラコタの儀式では、「ヘヨカ」という役割の人が登場する。

ヘヨカはトリックスターだ。

トリックスターとは、厳格な儀式の場でみんなを煙に巻くようなことを言ったり、滑稽《こっけい》なことをして、シリアスな場面で笑いをとる。常に物ごとの裏をかき、人の心の裏側を演じる。みんなが日ごろいい人でいるために押し込めている悪の感情をデフォルメし、笑いを交えながら白日の下《もと》にさらすのだ。

たとえば、ヘヨカはこんなことをする。

サンダンスのセレモニー中、ダンサーがのどが渇いて死にそうなときに、白塗りの化粧をして現れ、水の入ったポリタンクをチャポンチャポン揺らしながら踊る。かと思えば、みんなが空腹でたまらないのに、口から食べものをまき散らしたりもする。また、真面目で神妙な空気のときに、ずるっとズボンを下ろして笑わせる。

ヘヨカに笑わされた後には、不思議なくらい元気を取り戻す。

一見、ヘヨカの行動はバカバカしいが、実はそこに人間の本質や真理がある。

人は、論理的に正しいとわかっていても素直に従えないことがある。

倫理観や道徳や常識で「こうあるべき」とわかっていても、それをすり抜けていくものもある。**そして、社会的に正しいとされていることを実行しても、人が幸せになるとは限らない。**ヘヨカは、それを痛快に体現する。論理を突きぬけてゆく「真理」といえばいいだろうか。

たとえば、愚直に物事を考える人よりも、多少不真面目なくらい遊んでいるチャランポランな人のほうが、視野が広く不思議な説得力を持つことはないだろうか。

また、時と場合によっては嘘をついたほうがうまくいくこともあるはずだ。**非の打ちどころのない正論は人を窮屈《きゅうくつ》にし、時に相手にコントロールされてしまうのではないかと反感を生み、居心地を悪くさせる。**

ヘヨカは、インディアンの神話にも登場する。

旅の途中に現れて主人公を罠にはめようとしたり、無理難題をふっかけたり、ときには道化を演じたりして、思い込みの滑稽さに気づかせ、学びに導いていく存在として描かれる。部族によって話に登場するヘヨカのキャラクターは異なるが、それはワタリガラスだったり、クモだったりコヨーテだったりもする。

古い時代の楯に描かれた絵を見ると、馬に逆さに乗りながら笑っているヘヨカまでいる。そんなことをしたら怖いはずだが、満面の笑みだ。それがヘヨカという存在なのだ。

バカバカしさを演じるヘヨカを見た人は、悲しみや苦しみに支配され、どこかにしまいこんでいた希望を思い出す。ヘヨカは、絶望の裏側に希望があることや、希望があるから絶望感を抱くことを知っている。そのとき人は、ヘヨカの中に人間の本質を見る。

ラコタの人は言う。

「シリアスすぎると、大切なものが見えなくなるよ」

だが、シリアスすぎるくらいシリアスな状況にひきずり込むのも、ヘヨカのトリックだ。人に右に振りきれるくらいシリアスに何かを体験させたら、今度は左に振りきれるようなトリックにはめる。右にも左にも振りきったとき、ようやく人は按配《あんばい》を理解できる。

ある物語の中でヘヨカは言う。

「オレがぐうたらだって? 何を言うんだ。オレの理想は高いぞ! 成功したらこんなことやあんなこと、全部できるんだ! でもな、失敗したら夢のように消えちまう。だから何もしないいんだよ」

多くの人は成功の反対は失敗だと思っている。

でもヘヨカはこうして、**成功の反対は何もしないことだと教えてくれる。**

物ごとを深刻にとらえすぎると視野が狭くなり、大切なものまで見落としてしまう。だから、肩の力を抜くのだよ——。

笑うと、思いつめていた心がふっと解き放たれる。

「まあいいか」と思ったとき、「ハッ」と気づきが訪れる。

だから、インディアンの人たちにとって、ヘヨカの存在はとても貴重だ。

聖なるペテン師、それがヘヨカなのだ。

自分の限界をつかむ

ラコタの人たちは常に自然と共に儀式をする。

何ヶ月も雨が降らない干ばつがあるかと思えば、土砂降りの雨が続いたり、雷がすごい勢いで落ちることもある。自然を相手にしていると、数時間先のこともなかなか予測がつかない。

そうした経験を通して、彼らは「時間も天候も予定も、すべて自分でコントロールできる」という現代人特有の万能感のような思いこみから解放されている。

「インディアンタイム」という言葉がある。

白人社会から見ると、「時間にルーズでいい加減なこと」を指すが、本当はそうではない。彼らにとってすべての行動は時間を決めてとりかかるものではなく、「自然の法則と秩序の中で決まる」と考えられているのだ。

自然を相手にすると、人間は何もコントロールできないとつくづく思い知らされる。天気が悪いのに無理に強行すると、後でもっと困った事態に陥ることがある。そういうときの自然は容赦《ようしゃ》ないから、場合によっては命を落とすことにもなりかねない。

子どものときから自然とふれあい、数々の困った事態に向き合うことで、ちっぽけな自分を知る。そして自分の限界を理解し、自然をそのまま受け入れるしかないと学ぶのだ。

日本の現代社会に生きるぼくらは、自然から離れた場所にいるので、自身の限界を感じることが少ない。

時間も場所も、時には天候による不便さだってコントロールできる気になっている。だから、ときには意識して限界を感じる場に身を置いてみるといいと思う。

たとえば、悩みにはまったときは限界まで悩んでみるといい。堂々めぐりするかもしれないし、しんどいかもしれない。でも、振りきれるくらい悩んだり、振りきれるくらい考え抜いたり、振りきれるくらい今起きていることを味わったりすると、結果として悩みを受け入れることができ、別の世界が開けてくる。

ただし、悩みの渦中《かちゅう》にいるときは、自分ひとりで抱えこむより、誰かに話を聴いてもらったり、寄り添ってもらうことをおすすめする。家族でも親しい友だちでもいい。そのほうが、自分の置かれた状況がよく見える。

人は、自分の限界を知ったとき、初めて自分のバランス点もわかるようになる。

逆にいえば、限界を知らないのにバランスなど絶対にとれない。

だから、若い時代には振りきれるくらいまで何かを経験したほうがいいのだ。それが後々まで自分の尺度になっていく。

最近若い人がこんなことを言うのが気になった。

「私、やりたいことはいっぱいあるんですよ。あれもしたいし、これもしたい。でも、あれもこれもやると中途半端になって、生活のバランスがとれなくなりそうじゃないですか。だから迷ってるんです」

これに対するぼくの考えはこうだ。

「全部やったらええやん」

やりたいことがあるなら、あれも、これも、それも、全部取り組んだらいい。

振りきれるまで、自分で限界だと思うところまで、やったらいいのだ。若いときには時間も体力もたっぷりある。若いからこそ無茶できる。

バランスをとるというのは、耳に心地よく響く言葉だが、そういう言葉を使う人は何もせずに言葉を並べているだけのことが多い。自分の中のもやもやした思いを誰かに話すだけで満足してしまっていないだろうか。

たとえば、お酒を飲むことひとつとっても、吐くほど飲んだら自分がどこまで飲めるかがわかる。

よくも悪くも、若いときには自分の限界をたくさん見ておいたほうがいい。年を重ねたらその経験は必ず生きてくる。自分よりも若い人に対して、説得力のあるアドバイスもできる。

「成功」の反対は「失敗」ではない。

「成功」の反対は「何もしないこと」だ。

失敗を心配する時間があるなら、一歩前に進むこと。

何か動き出してみること。

そうすれば、たとえうまくいかなくても成功に向かって確実に一歩近づく。前進すれば、もはや「失敗」など存在しないのかもしれない。動き出し、何かを思いきりやってみるのはとても大事だとぼくは思っている。

前に進んで動き出したときの失敗は悪いことではないし、恐れることはない。**世の中には失敗しなければわからないことや、身につかないことがたくさんあるからだ。**

若い人と森に行くと、まったく危険を回避できない人がいる。

たとえば一緒に木を切ると、木が倒れてくる側に立ってぼーっと見ている人がいる。それがどれほど危険なことかわかっていない。

幼いころから「危ないことはしてはいけない」「ケガをしないように」と、大事に（？）育てられすぎたのだろう。

しかし危険とは、自分の身をもって経験した人だけが、視覚、嗅覚、触覚などをフルに使って回避できるものだ。

冒険をしてケガしたり、知らない土地で道に迷ったり、多少の怖い思いを経験しなければ、人は危機管理能力など身につけることはできない。

「矛盾と折り合いをつける」ということ

意見のちがう人と折り合い、互いの存在をリスペクトすることを美徳としたラコタの人たちは、物事を「いい」か「悪い」だけで判断しなかった。

以前、ぼくがラコタの兄として慕うベンジーがこんなことを言っていたのが印象深い。

「白人はすぐに白黒はっきりさせたがる。だから『正義』や『真実』のために自分たちと違うものを排除したり、攻撃したり、コントロールしたりするために、自分たちと同化させようとした。でも、われわれはお互いに考え方が違っても、物事に矛盾があっても、折り合いをつけながら生きた。白人のシンボルの鳥は白頭ワシで白黒の鳥。われわれラコタの鳥はまだらワシだ」

矛盾や葛藤《かっとう》を「悪いこと」と見ないラコタの見方を感じた瞬間だった。

一方、ぼくらはどうだろう？

たとえば、ある高校生がスポーツドリンクの入った、ほとんど飲んでいないペットボトルを、机の上に置いたまま体育の授業へ行ったとしよう。授業が終わってのどがかわいたなあと思い、ペットボトルのことを思い出して教室に帰ると、スポーツドリンクは半分ほど残っている状況だった。

そのときの反応の仕方を、A君、B君の2ケースで見てみよう。

◎A君の反応

「誰じゃ飲んだんは！ コラおまえか？ え、違う？ 誰がさわってん？ さわんなや、おまえら。うっとうしいんじゃ！」

◎B君の反応

「うわぁ残ってるやん。ラッキー！」

A君は、飲み物の減った部分を見ている。

一方B君は、残っている部分を見ている。

これは見ている部分での反応の違いだ。

勘違いしてほしくないのだが、「A君がダメで、B君が正しい」とか「ある部分にちゃんと注目しましょう」というキャンペーンではない。そのような反応を含めた全部が、A君のあり方、B君のあり方を表しているということだ。

その後、A君、B君のストーリーは、どんな風に進んでゆくのだろう。

A君のように怒鳴り散らした場合、周囲との大ゲンカが始まるかもしれない。B君の場合は、まわりも「よかったね」とニコニコ笑って終わるかもしれない。そこにはまったく別の物語が展開していくはずだ。

ひとつのシチュエーションに対して、どんなものの見方で出来事を受けとっているかによって、起きる感情も反応の仕方も出てくる言葉も違ってくる。つまり、人生が大きく変わってくる。

信頼（faith）というのは、自分の思っている通りのことをしてくれるから、相手を信用するのではない。自分の都合に合う、合わないではなく、その人のあるがままを受け入れることから始まる。

正しいとか正しくないとか、賛成できるとかできないとかではなく、「君はそうなんだね」と受け入れることだ。

存在している部分（ポジティブ）と、欠けている部分（ネガティブ）のどちらを見るかは、その人がそれまで生きてきた物語から作られてきた、ひとつのものの「見方」だ。

人と人が関わり合うというのは、互いに違うものの見方をもった者同士が、反応し合っている中で起こっている。

だからこそ人との「信頼」を作りたいと願うなら、冷たいようにきこえるかもしれないが、自分と相手を一緒にせず、分けて向き合うことが大切だ。

どんなに相手が悩んでいてもすぐ同化しようとせず、それを「私の問題」としてしまってはいけないのだ。

自分と相手が違う見方を持つからこそ、その見方が引き起こす感情も反応の仕方も違うし、違っていることを前提にして相手を大切にしようとするからこそ、相手の気持ちに寄り添うことになる。

ところが、人と向き合っているとき、相手に「自分の中にある受け入れがたい自己」を見てしまうことがある。自分の「シャドー」とでも言えばよいだろうか。

自分とあまりにも似ているからこそイラ立つし、受け入れがたいから攻撃の的にしてしまうのだ。

しかし、そういう自分をはっきり認識すると、突破口は開ける。

自分を認め、受け入れることによって、相手との向き合い方が変わっていくからだ。

どんなときに自分は攻撃的になってしまうんだろうか？

どうなってしまうことを恐れているのだろうか？

自分の価値をディスカウントする傾向の強い人は、自分の中で起きている感情にバツをつけたり、まわりがどう思うかを考えて言葉に出せなかったりするため、自己完結する傾向が強い。

コントロール不可能な自然と共に生きてきたラコタの人にとって、「折り合う」というのはすべての生命との向き合い方だった。

「折り合う」ためには時間がかかったし、効率が優先されたわけではなかった。

話し合うときには結論を急がず、お互いの気持ちが重なり合うまでくり返し話した。

誰かが話し終わると、次に発言する人は前に発言した人の意見をくり返してから自分の考えを述べる。

相手の見方を理解した上で話を進めるので、膨大な時間がかかっただろう。

直接的なコミュニケーションが少ない上、貧弱なコミュニケーションで傷ついてしまうぼくらとは、話し合いの質も量も格段に違っていたはずだ。

人の決めた「正解」に振り回されない

ぼくの主宰するマザーアース・エデュケーションの仕事のひとつは、小・中・高校など教育の現場に入りこみ、クラスの仲間との信頼構築を目的とした人間関係トレーニングのワークショップを行うことだ。

ある学校では一泊や二泊で合宿形式のキャンプをしたり、別の学校では自然の中へ日帰りキャンプに行ったりする。

大半の学校は、空いた教室や多目的室を利用し、1〜2日かけてプログラムを行う。体を動かしながら、クラスの仲間を8〜10名のグループに分け、関わり合い、協力し合ってコミュニケーションの質を深めていく。そのときも「信頼＝faith」は大切なキーワードだ。

ワークショップを長く続けてきた中で、最近気になっていることがある。

それは、担任の教師たちともよく話すのだが、子どもたちからたびたび出てくるこんな言葉だ。

「もうムリ！」

「これ正解あるんやろ？　教えて」

20年くらい前まで、こんなことを言ってくる生徒はほとんどいなかった。

課題達成に1時間近くかかったり、トライ&エラーを何度もくり返し、おとなの目からすると「そんな方法でやってしまうの？」というお世辞にもスマートではない方法でやり遂げたり、ああでもないこうでもないと話し合っている間に「そうだ！」と方法を見つけ出し、できたときには感激のあまり泣き出す子も多かった。

それなのに、今の子どもたちはすぐに正解を知りたがる。

本来、それらのアクティビティの解決方法は一つではないし、正解なんていうものは存在しない。

ぼくは解決に至るまでの一人ひとりのあり方が重要だと思っている。みんなで話し合ったり失敗したりするうちに、今までに自分がしてこなかったり、決してとらなかった行動をみんなと一緒にやっている。それらを選びとってゆくプロセスが大事だと思うからだ。

しかし、**まず答えをききたがる人は、どこかに「正しい答え」があると思っている。**

答えがはっきり見えていないと動けない。コミュニケーションも、お互いの反応も、答えがわからないと凍りついてしまう。

子どもだけではなく、おとなにもこのような人は多い。

見ていて感じるのは、「自分を主体にして」生きてこなかったんだろう、ということだ。

言いかえれば、**「客体性」が強い。**

彼らは課題が明確で、とるべき行動や方法が見えやすいと、相手の期待通りのことを成しとげようと力を発揮する。まわりの空気も読めるいい子だ。

しかし方法が見えなくなると、とたんに不安になる。

「沈滞」を恐れ「私にはムリ」と言って葛藤を避ける。失敗を引きおこす予感があると、まわりの意見に合わせて黙ってその場をやりすごし、自分の希望は決して口にしなくなる。

正解を求めたがる人は、本当の意味で自分への信頼を持てていないのかもしれない。

自信とは自分への信頼であり、「私は大丈夫」という感覚だ。

客体性の強い人は、誰かの期待に応え、認められることで得られる「条件付きの自信」は持っているかもしれないが、無条件に「私は大丈夫」という「根拠のない自信」がない。

後に述べるが、「根拠のない自信」は生きていく上でとても大切なものだとぼくは思っている。

そもそも実社会で何かをするとき、たった一つの正解などない。

中高生のテストではないのだ。自分が生きる上で選択した道が正解だったかどうかなんて、死ぬときに自分が幸せだったかどうかでしか測れないだろう。

今、自分はどうしたいのか。

何を大切にしているのか。

どんな人生にしたいのか。

自分の想いで、自分を物語の主人公として生きていくしかないのだ。

正解を誰かに求めたがる人が増えてきた理由の一端は、家庭での環境が色濃く影響していると感じる。兄弟の数が減り、昔に比べると親が子どもに十分すぎる愛情を注ぐようになった。

昔も今も、親が子を愛していないわけではないし、愛情を注ぐことは決して悪いことではない。

問題は、誰の都合でそれが行われているかだ。

親の支配下で溺愛《できあい》され、ふりかかる障害を親が事前に回避してしまっては、自分では何もできない子どもになる。

子どもが失敗しないよう、常に親がしゃしゃり出て来ると、子どもは親が支配する正解に近づけるように、親の目を気にして動くようになる。

親に都合がいいとほめられる習慣がつくと、学校でも先生にほめられるようにいい子でいる。

当然会社に入れば上司にほめられるようになることが、その人のアイデンティティーとなってしまうのだ。

そうやって育ってきた人は、人生の大事な選択をするときも、選ぶ基準が自分の意志ではなくなってしまう。そして、**人の期待に応えられずスランプに陥ったとき、今まで自分が誰かの物語を生きてきたことに気づく。**

これは恐ろしいことだ。自分の人生でありながら、自分の人生ではなくなってしまう。

自分の人生の物語に正解があるとすれば、それは自分の心の中だけだ。

全責任は自分にある。

自分の人生を生きている人は、誰かを責めたりはしない。

自分を信じて、自分なりの答えを見つけていく以外に道はないのだ。

「強い絆」は不自由の象徴

学校に行くと、他にも気になることがある。

それは、友だちとの付き合い方だ。

学校でプログラムを始めるときには、子どもたちの今の関係性を診《み》るための投げかけをする。

「さあ始めるよ。前に集まって〜！」

多目的室にバラバラ入ってきて、壁際に座っている生徒達をホワイトボードの前に集めて、今日1日が何のためにあるのかを話し、狙いを共有する。その投げかけの一瞬に、彼らがどんな反応をするかを見逃さないようにするのもプログラムの大切な時間だ。

今の子どもたちが一瞬みせる反応。それは、**まわりを見ること**だ。

自分はこの場に合うことをしているか、まわりが気になるのだ。

言いかえれば**「人が自分をどう見るか」が気になっている。**

まわりというのはクラス全体というよりは、仲よしの子たちの目と反応だ。特に5～6年生の女子ともなると、色々とややこしい。

以前は、女の子ならたいてい4～5人の仲よしグループをつくっていた。ところが、今はペアであることも少なくない。特定の相手が決まっている。いつもペタッとくっついて座っている。関心がひとりだけに向いているので、常に相手の反応が気になるし、相手が自分をどう見ているかが気になる。まるで安心感のない恋愛関係だ。

「うちら友達やんなあ？」

「友達、友達！」

「私ら親友やんな？」

「親友、親友！」

「トイレ行こう！」

「うん！」

この、トイレに一緒に行く感じは、最近は男子にもある。

ひとりで自分の行きたいときに行けるようになったら、ワークショップの効果がだいぶ出てきたとぼくらは見ている。「あるがまま」でいられるようになってきた証拠だ。

大阪のある中学で実際に尋ねてみたことがある。

「メールが来たら、何分で返してる?」

ほとんどの子が、10分以内と答えた。10分以内に返事が来ないと、「友だちに切られたと思う」そうだ。だからケータイを買ってもらうとき、できるだけ防水にしてもらうという。お風呂に入っている時間が危険なのだ。

切られることを極端に恐れる関係は、ピンピンに張り詰めた細いロープでつながっているようだ。

限界まで張り詰めてつながっているから、どちらかが相手を少し引っ張れば、すぐに相手も引っ張られる。力を入れて踏み出すと切れてしまう。自由に動く余地がないのだ。だから、糸が切れないように常に相手の行動を気にしていなければならない。

今の学校は、文化祭や体育祭のスローガンが書かれた横断幕に必ず「絆」の文字を入れるが、この子たちのつながり方を「絆」であらわすと「強い絆」と言えるだろう。

だが**「強い絆」はとても危険だ。コントロール関係に陥りやすい。**

二人の場合、片方が相手を自分の都合にいいように動かそうとする。すると、もう片方は相手の期待に応えようとする。「いつでも切れるんだからね!」と、ピンピンに張ったロープの上にナタをふりかざすように脅したり、不機嫌になったりする。実際にぷっつり切れた体験も彼女たちは持っているので、切れることが恐い。支配する側とされる側というコントロール関係がこうして定着する。

人間関係トレーニングのワークショップでは8~10名のグループを作ってアクティビティを行うのだが、日ごろ子どもたちが付き合うメンバーには偏りがあるので、いきなりグループで活動するのは難しい。そこで5分ごとにペアチェンジするアクティビティを最初に行う。

「は~い、誰でもいいから、好きな子とペアを組んで！」

これなら、すんなりいつも仲よしの子と組むことができる。二人でキャッキャッ言いながら楽しそうに遊ぶ。

「はい終了。次、ペアを変えて！」

5分後、ペアを交代しようとすると生徒たちは動かない。スタッフが、あの手この手でそそのかしてお尻を叩きながらペアを変える。

でも、相手を変えても仲よしの子が気になって仕方ない。楽しそうにしている自分をあの子がどう見ているか気になる。

そして3回目のペアとなると、子どもたちは凍りついたように動けなくなる。

このとき、心の揺れをしっかり味わってもらうため、黙って見ていることもある。

「今、どんな気持ちが自分の中で動いてるのかな?」

問いかけると、ある生徒が泣き出してしまった。状況が「怖すぎる」というのだ。

友だちとの関係は、それほど張り詰めている。

教室には大勢の生徒がいるのに、ペアの子だけが気になる。気にはなるけど自分ではどうしようもない。だから自分ではない誰かがこの状況を変えてくれるのを待っている。葛藤する場面をことごとく避けてきたので、どう動いたらいいかわからないのだ。


もしあなたが、自分の彼(彼女)を、自分の夫(妻)を、生徒を、友達を、相手のしていることが気に入らないため、言葉や行動で圧力をかけ、自分の思う通りにしたとしよう。そこに起きているのは間違いなくコントロール関係だ。自分の信念や思いこみの中に、相手を取りこみ支配してしまっている。

それが続くと、当然だが相手はあなたの反応を強く意識し、主体性が消えていく。あなたの反応をいつも気にするようになり、自分が本当にやりたいことがあっても口にはせず、嫌だと思うことがあってもNOとは言わなくなる。

張りつめた強い絆の関係は、コントロールし合い「あるがまま」でいることを認めない。対立することを恐れ、力のないほうが力のあるほうに合わせている。

このような関係が当たり前になると、ふとしたはずみに相手が変われば、コントロールされる側だった人がコントロールする側になることもよくある。

しかしこのとき、あなた自身の内面が変わったとすれば、話はまったく違ってくる。

あなた自身が対立を恐れていたことを深く認め、対立は変化をもたらす力になると信じてみることはできないだろうか？

「ゆるみのある絆」が人生の支えとなる

相手のことをあるがまま受けとめられたとき、気に入らないと思っていた部分が以前とは違うものに見えてくる。あなたの受け入れる態度を感じた相手も、自分の存在に安心を感じ、今まで言えなかったことが言えたり、態度に変化が起こったりする。

変化するときは、「自分が」「主体的に」変わるのだ。**人は、「他人によって」は変わらない。しかし人は、「自分では」いくらでも変わる。**

人とよい関係が結べているとき、ロープのつながり具合はどんな感じだろう？

ぼくは、ゆるみやたるみを持っていると思う。「強い絆」ではないが、「深い絆」だ。たるみは深さだ。ピンと張っていないので、二人の自由度は高い。

私は私でいられるし、彼女は彼女でいられる。お互いに自分主体で生きているし、自分の物語の主人公でもある。

当然ながら二人は、今感じていることも、こうしてみたいと思うことも、こう生きたいと思うことも違うので、そこで対立することもある。でも、ぶつかり合ったり多少のケンカになったりしたとしても、互いに存在を否定するようなことは起こらないし、否定されない安心感がある。ぶつかりあいながらも、絶対相手はこのロープを離さないと思えている。ほとんど根拠のない「大丈夫」という安心感だ。これこそが信頼感（faith）なのである。

学校でプログラムをする中で、どうして子どもたちは人とのコントロール関係にはまってしまうのかを考えた。それは親子関係にひな型があるのだろうと、今は思っている。

親子は人間関係の最初のモデルになるものだ。コントロール関係しか知らなかったら、友だちとの間が自然にそうなってしまうのも無理はない。人と人の関係はそういうものと感覚的に思っているのだろう。

ラコタの人たちが儀式を大切にしているのは、それが「自分主体」で生きる時間にほかならないからだ。祈りはスピリットへの心からの呼びかけで、あるがままの自分が存在することなしには成立しない。

自分とスピリットが深くつながって、周囲の人と思いを分かち合う。こうした儀式を繰り返すことで、互いの信頼や自分への信頼が深まっていく。そこにはコントロールし合う人間関係はない。

その昔、ラコタの人達が平原にティーピー（テント）をはり、バッファローの狩りをして暮らしていたころ、人が肉体的にも精神的にも自立したおとなになることは、部族の存続に関わる問題だった。

男の子は12歳から14歳くらいのしかるべき時期に、「ビジョンクエスト」と呼ばれる通過儀礼を終える。そうして成人の男社会の仲間入りをし、戦士や狩人となって部族の人の生命を支えた。

ビジョンクエストとは、聖なる山の頂におとなの男たちに連れられて登り、祭壇をこしらえた結界の中で4日間を過ごす儀式だ。

灼熱の太陽の下、雷鳴がとどろく嵐の中、4日4晩自分が生まれてきた意味と進むべき指針を大いなる存在に泣いて求めるのだ。

山から下りてくると、そこで見たビジョンやスピリットからのメッセージを長老やメディスンマンに話す。セレモニーを終えた若者は、晴れておとなの男社会の仲間入りをする。

このとき男子は、実の母親と2年間直接対話することを許されない。母親に伝えたいことがあるときは人を介してやりとりをした。

そして2年後、もう一度実の母親と、よき友人になるための契《ちぎ》りのセレモニーがとりおこなわれ、それ以降はお互いに責任あるひとりのおとなとして関わり合ったそうだ。

12歳から14歳といえば思春期であり反抗期。それを親子がどう乗りきるかということが、双方にとって重要な時期だ。

親から離れようとして親と対立するこの時期に、親のコントロールにとり込まれると、子どもは一生自立できなくなることがある。

ラコタでは2年間の対話のない期間に、親も子もそれぞれの人生を生きる心の準備をするのだ。

心に「モンスター」を飼っている人

過去に傷ついた経験を持っていると、それと似たようなシチュエーションになったとき、傷ついたときの感覚を思い出して不安や恐れが湧き上がることがある。

たとえばあなたが誰かに一生懸命話しかけたとする。わかってほしくて、純粋な気持ちで自分から想いを込めてボールを投げたのに、ボールを見もせずにいいかげんにキャッチされたり、「でもこうでしょう?」と自分の思いを遮断《しゃだん》された経験はないだろうか。一番悲しいのは、ボールを投げたのにスルーされることだ。

相手に確かに聴こえていたはずなのに無視され、自分の投げた言葉がコロンコロンと遠くに転がって、止まってしまう。これは、相当切ない。そのボールは自分の存在そのものだ。

もしそんなシチュエーションが何度か繰り返されたら、あなたはもう自分からボールを投げなくなるだろう。投げて傷つくくらいなら、投げないほうがましだ。

そうして自分の思いを語ることをやめてしまう。わかって欲しいという「あるがままの気持ち」で、自分から主体的に働きかけることをやめてしまう。

口から出るのは、こんな言葉だ。

「私が言うほどのことじゃない」

これは、自分が傷つきたくないと思うあまりにたどりついた逃げ道だ。

まわりに合わせて何も言わずその場をしのぎ、にこにこ笑って「私もそうです」という顔をしていれば、安心でラク。周囲との関係も波風立たずにうまくいく。そのような反応をくり返しながら、あなたの物語は心の中に綴られていく。過去に傷ついた経験は、それほど大きく人の中に残る。

無視されて寂しく転がるボールの感覚が身体に残り、その感覚が恐怖となって、自分の歩みを止めるのだ。

ぼくは、人の中で起こる不安や恐れの感覚を「モンスター」と呼んでいる。

たとえば、モンスターは時折あなたの耳元でささやく。

「そんなこと、わざわざおまえがみんなの前で言わなくてもええやん。まわりを見てみぃ。反応弱いんちゃうか？　おまえの話なんかどうせ誰も聴かへんぞ。まわりに合わしとけ。

ほんなら傷つかへんやろ」

モンスターは自分の心の中に棲んで、自分のアイデンティティーと一体化している。だから大概の人は、そのモンスターを自分自身だと思いこんでいる。そして、**自分は弱くてダメな人間だと思いこまされてしまう。**

「あるがままの自分」ではなく、モンスターに思いこまされた「弱い自分」を、自分だと信じてしまうのだ。

この思いこみをはずすには、モンスターに名前をつけ、キャラクター化していったん外に取り出してみるといい。そして、正体をよく見てみよう。どんなタイミングで現れるのか。自分にどんなことを言ってくるのか。自分の価値をどう貶《おとし》めるのか――。

誰の心にも、きっとモンスターはいる。

一見、それぞれ違うキャラクターに見えるが、いろいろな人と話をしてみると、実は根っこの部分はよく似ていることに気づく。

太古より人の抱く不安や恐れの正体のパターンは、それほど多いわけではない。**人の存在価値を脅かすものの根は、「死」と「孤立」**。これらは時代を越えた恐れと不安の正体だ。

自分の存在を無視されること。

否定されること。

受け止めてもらえないこと。

本当は甘えたかったのに甘えられなかったこと。

そういう悲しい寂しい感情が栄養源となって、人の心の内ではモンスターがどんどん巨大化していく。

インディアンの神話の中にも、モンスター退治の物語はたくさんある。人々を困らせるモンスターがいて、主人公がモンスターの棲む谷や深い森に出かけて倒すという物語だ。世界中の神話に目を向けても、不思議なくらい似かよった内容のものがある。

これは、どこか遠いところに恐ろしい怪物が棲んでいるという話ではない。怪物は人の心にある不安や恐れを具象化し、デフォルメしたものなのだ。

このモンスターを倒すには、勇気を持ってモンスターの正体を見なければならない。

大切なのは、傷ついたとき自分の心の声を無視しないこと。

寂しいときやつらいとき、何かで気をまぎらわせるのではなく、自分の心の声を聴いて「ああ私、傷ついたんだ」「寂しいなあ」と、抑えこまないでつぶやくことだ。

もっといいのは、その「あるがまま」の感情を誰かに聴いてもらい、受けとめてもらうことだ。それができれば、感情はモンスター化しない。

モンスター退治とは、感情をごまかして押しこめてしまうことではない。モンスターを正面から見ることだ。

「怒り」の元にある感情は「寂しい」

人は、誰かに無視されたり、存在を否定されるとショックを受ける。そのときの感情を「一次感情」と呼ぼう。

一次感情は、ショックが大きければ大きいほど、心の中に瞬間冷凍されてしまう。ゆるやかなショックなら溶けやすいが、瞬間的にカチカチに凍ったものはなかなか溶けてくれない。そのとき話を聴いてくれる人がいればいいが、いない場合は外に出されないまま、心の中に冷たく固まっていってしまう。

ショックで傷ついた心を一次感情とすると、怒りは「二次感情」という段階だ。

あなたの身近に、すぐにキレる人がいないだろうか。

その人はきっと、今まで人に受けとめてもらえない悲しみや寂しさ、ショックなどの感情がたまりすぎているのだと思う。

怒りを表現することを悪いものだと思っていると、それさえ無意識に心の底に閉じこめて抑圧する。こうなった場合はさらにやっかいだ。本人も気づかないうちに、恨《うら》みや妬《ねた》みがたまって、あるとき怒りと一緒に火を噴き始める。

「私だけ、なんでいつもこうなるねん。あのときもそうやったし、3年前のあのときもそうやった……」

イモづる式のストーリーが恨みとなって出てくる。これが「三次感情」である。

傷ついた心には、子どものころの親子関係が深く関わっていることが多い。

お母さんに話を聴いてもらえず寂しかったり、傷ついたりした経験が一次感情だ。それが積もり積もって凍りついてしまうと、親とは別のところで火を噴き、違う相手に怒りをぶちまけたり、恨み妬んだりするようになる。

もしかしたら、母親が忙しかったのかもしれない。早く自立させてやりたいし、甘やかしてはいけないと思っていたのかもしれない。自分も親から厳しく育てられたから、それが正しい教育と信じてきたのかもしれない。

親子関係は、他の誰との関係よりも修復が難しい。絆が強すぎるからだ。

ぼくの知人にも、40歳くらいになって、ようやく母親に「あやまってほしい」と言えた人がいる。

仮にA子さんとしよう。

彼女は、誰もが認めるしっかりしたいい人だが、せっかく人間関係が深まりかけても何かの拍子で妬みや恨みが出るため、どこに行っても関係が長続きしなかった。自身も悩んでカウンセラーにたどり着き、初めて話を聴いてもらった。

最初は目の前にある恨みごとを相当な勢いで語り続けた。聴いてもらううちに人が変わったように怒りが姿を現した。怒りを出し尽くしたら、今度は小さな子どものように「本当はどれだけ寂しかったか」「どれだけお母さんに見てほしかったか」を語っていた。最後は涙が止まらず、「すみません、すみません」と言いながら泣いていたそうだ。

一次感情→二次感情→三次感情、と進んでいったプロセスを、三次感情→二次感情→一次感情と少しずつ癒し、源に触れてゆくことで心をときほぐし、感情を手離してゆく。「あるがまま」の自分に出会い、モンスターの正体が見えたとき、本当はこうしたいという自分オリジナルの目標（wish）が見える。

まずは親子以外の関係で変化を経験し、いい感じを積み重ねていくと、最後にようやく親子の関係が変わり始める。自分を主体にした、新しい物語がスタートするのだ。

ただ、三次感情まで進んでしまっても、まだ自分の感情がうまく表出できない人がいる。悲しいことだが、そういう人は自分の心の内側を攻撃し始める。また、その逆で病的に感情がねじれた形で表出され、人を傷つけてしまう場合もある。今起きている凶悪な犯罪は、このような背景をもっている人が起こしてしまうケースが少なくないのではなかろうか。

ぼくのラコタの兄であるベンジーは、両親からの愛をほとんど知らない。ぼくと出会ったころは、アルコールからようやく距離をおき、ラコタの文化や伝統について主体的に学び始めたころだった。

ベンジーとぼくは、ラコタの生き方を大切にしている人たちと会い、セレモニーを共にし、さまざまなことを学んだ。それだけでなく、毎日何時間も会ってはお互いに語り合った。

そのうち、ラコタの文化に興味をもったぼくの仲間も、日本からベンジーを訪ねるようになり、彼の言葉に耳を傾けるようになった。

ベンジーがラコタの人間のひとりとして自信をもって生きてゆけるようになったのは、彼の話を聴いた日本人によるところが大きいとぼくは思っている。それはベンジーの物語を作るのを、ぼくらが手伝ったということだ。

STEP 3

自分の「芯」を強くする

人の根っこは「自己肯定感」

ラコタの人たちは、人の姿を表すとき、よく「tree of life」という。

直訳すると「生命の木」だ。平原の民族である彼らにとって、木はとても特別な存在だ。サンダンスではダンス・グラウンドの真中に巨大なふたまたの木が立てられるし、スウェットロッジの前に作られる祭壇にも、ふたまたの枝が立てられる。木はいつも大地の上に立つ人の姿を投影し、象徴的に扱われる。

ぼくたち一人ひとりは「生命の木」だ。

人のあり方は、木になぞらえて考えるとわかりやすい。木が自分でしっかり立つためにもっとも大切なのは、「根っこ」だ。

人間にとっての根っことは、「自己肯定感」であるとぼくは考えている。

「自己肯定感」とは、「私は存在していいんだという安心感」だ。

さまざまな問題や悩みを抱えてカウンセリングに来る人の話を聴いていても、ワークショップで表面化してくる人間関係のしんどさも、元をたどれば自己肯定感がうまく育っていないことにいきつく。

学校の現場では日々トラブルが起きていて、教師はその対応をもぐら叩きのごとく一つずつ叩こうとする。これらの問題は木でいうと枝葉であり、いくら切り落としても根本的な問題解決にはならない。

枝葉のようにさまざまな方向に伸びるそれぞれの事象は単なる現象で、本当の問題は根のように大地の中にある。根にふれないと、本当の意味での問題解決にはならない。

そこでぼくは、自己肯定感という根を育むことをテーマに、子どもたちや教師と関わり続けてきた。

大地に、1本の木が立っているところをイメージしてみよう。「母なる大地」という言葉があるように、大地はすべての生命あるものにとっての母だ。

人間も、母親の存在なくしては、誕生しないし育っていくことができない。もし母親に恵まれなかったとしたら、母親に代わる母性的存在がとても大切になる。

ぼくらはみな母親とへその緒でつながって、お腹で一体化した状態で10ヶ月間を過ごす。胎内の羊水はだいたい36～37度。これはお母さんの体温より少し高く、適度に温かい。やわらかな圧迫感はとても心地よく、それでいて絶対的に守られている。これが人の「安心」の感覚だ。

人は生涯この感覚を忘れることはなく、大きな不安が生じたときは、必ずこの安心の感覚を求めるといっていい。だから、**人に抱きしめてもらったり、ふれてもらったりすると心が落ち着くのだ。**

ところが生まれる瞬間がくると、一体化して安心だった子宮の中とは別の感覚を体験することになる。つながって、守られて、幸福にひたり切った安心な状態から、子宮が収縮すると、息苦しく暗い閉鎖空間へと押され、赤ちゃんは生命の危機の恐怖を味わうことになる。懸命に生きようと反転し、せまい産道を必死で通りぬけて産声をあげる。

そこは母親の胎内で守られていたものとは違う、光と声が突き刺さってくるような世界だ。母親と一体化していたへその緒も切られ、ひとりになる。

このとき生じる感覚を「分離不安」と呼ぶ。それは「孤立する不安」として、人の心の深いところに刻み込まれる。

赤ちゃんが誕生のときに感じた存在の危機や恐怖、つながりが切れて孤立してしまうことへの不安は、人の恐れと不安のもととして一生消えることはない。そしてモンスターのようにたびたびやってくる。お母さんと離れてしまった状態は、孤立感があり、心細く、とても怖い。

だから赤ちゃんは、生まれるときに感じた孤立してしまう不安を思い出し、ふいに泣き出すのである。そこでお母さんに抱っこしてもらい、体をゆすってもらって、羊水にいたときの感覚を取り戻し、安心する。赤ちゃんは何度もこれを繰り返しながら、不安の感覚を安心に変える。やがてこの安心感は愛されている感覚になっていく。

少し大きくなると、好奇心が生まれ、外に向かって歩き出す。

はいはい、つたい歩きを経て、自分の足で歩き出す。外の世界をのぞくたびに、さまざまな刺激が入ってくる。経験したことのない大きな刺激にぶつかると、子どもはびっくりして怖くなり、またあの孤立する不安におそわれる。そこで母親をみつけ、泣きながら母親のところに帰ってくる。

「ママー、ママー」

しがみつき、まとわりつき、抱き上げてもらって、安心を感じるまでまたべたべたする。

お母さんは安心して根をおろせる大地のような場所。安心できる場所があるから、少しずつ冒険にも出かけていける。この**愛着行動に無条件に応えてもらうことで、自分の存在欲求も満たされる**。「私は存在していていいんだ」と安心できるし、自分はあるがままで無条件にＯＫなのだと感じる。

もう少し大きくなった子どもは、お母さんやお父さん、自分が好きな人たちに、「私の話」を聴いてもらうようになる。

「ねえねえ、あのね……」

私のことをちゃんと見てほしい、知ってほしい、今日あったことをたくさん聴いてほしい。小さい子どもは、あたり前にその欲求を持っている。

自分のあるがままを話すこと＝物語ることは、「主体性」の始まりだ。

話を聴いてもらうことによって育つのは、「私は大切にされている」という安心感。子どもが感じたいのは「お母さんは、あなたが大好き」という、存在への肯定である。

子どもは外に向かってたくさんの冒険を重ねながらも、必ず親のところに戻ってくる。親にたくさん甘えて、話を聴いてもらって、気持ちをわかってもらいながら「そうだったの、つらかったね」「今日は楽しかったね」と寄り添ってもらうこと。無条件に受け入れられて「大好きだよ」と存在を肯定してもらって、人は初めて生命の木の根っこを伸ばしていくことができる。

話は少し脱線するが、恋愛中に彼女が彼氏に向かってこんな質問をしたら、そのカップルは末期が近いとぼくは思う。

「なあ、うちのどこが好き?」

彼氏はちょっと面倒くさそうに答える。

「そうやなあ、料理うまいしなあ。この前、オレ風邪ひいて熱出したとき、すぐに来てくれたやん。やさしいと思ったわ」

彼氏は「これくらい言っておけばええか」という感じで、彼女の顔をちらっと見る。

「そんなことないわ」

彼女はそっけなく答える。本当はそんな話を聴きたいわけではないからだ。

(私の存在そのものを、本当に大事だと思ってるの?)

不安になって、そうきいただけだ。

「○○のことが好きやねんで」

「だから、○○と一緒にいたい」

ただそれだけで、十分なのだ。

人はいくつになっても「存在の肯定」を求める。生まれたときの分離不安があるからだ。あるがままを受け入れてもらえたら、何歳であっても根は伸びる。ときどき大地に安心して根を張っている感じを味わいたいのだ。

生命《いのち》の木
Tree of Life
Father Sky
(父性)
枝葉
レスポンス
response
反応 行動 態度
doing
太枝
ビリーフ
belief よりどころにする考え
信念 思い込み 価値観
幹
自信
Mother Earth
母なる大地(母性)
自己肯定感
根
「私は存在して良いんだ」
という安心感
being

評価されなくても「自分」は「自分」

生命の木の根っこは「自己肯定感」だと話した。

では、幹は何だろう。ぼくは、「自信」だと思っている。

自信とは自分への信頼。「私は大丈夫」という自分への信頼だ。

自信には2種類ある。

ひとつは、**「根拠のない自信」**だ。

あなたのまわりにこんな人はいないだろうか。学歴もしっかりしているし、裕福だし、容姿もいいし、何でも立派にこなしている。はたから見ると何もかもそろっているのに、なぜか自分に自信が持てない人。その人は言う。

「もし、これができるようになったら、もし○○に認められたら」

自信がない人は、常に自信を持てる根拠となるものを探している。

逆にこんな人はいないだろうか。勉強もできないし、学歴も大したものではない。そろっているものは決して十分ではないのに言う。

「オレ、なんかうまくいきそうな予感がするなあ。将来は成功すると思うわ」

まったく根拠はないのだが自信を持っていて、行動に移し始めたら、おもしろいほど次から次へと新しい出会いが生まれる。そして、おもしろがっているうちに一つずつ実現していく。人から関心を持たれたり、おもしろがられたりするので、気がつけば何だかわからないけど人が集まっている。

根拠のない自信を持つ人は、不安や恐れがない。

失敗したらどう思われるだろう。悪く思われるのではないか。見離されたり、関係を切られるんじゃないかという客体性の強いモンスターに振り回されることはない。

それはなぜか。

逆説的だが、自己肯定感という根っこがしっかりあるからこそ根拠のない自信を持てるのだ。存在を否定されない、切れることのない絶対的な深い絆がある感覚は、本人もなぜかはわからないほど、自然に自分を強くしてくれる。

根拠のない自信は、根と一つながりになった幹の中の芯にあたる。

もうひとつの自信は、**「有能感からくる自信」**だ。木でいうと芯の外側で、芯より色の淡い成長している部分だ。ぼくは芯に対して側《がわ》と呼んでいる。

勉強ができる、希望校に入学できた、サッカーがうまい、野球がうまい、楽器ができる、仕事を早くこなせる……。有能感からくる自信は、ないよりも絶対にあったほうがいい。何かひとつでもあれば、人からも認められやすいし、できることで自信を持てる。「ぼくにはこれがある！」と思えるのだ。

ただ、自己肯定感という根っこのないところに有能感の幹だけが育つと、一見外側からはしっかり立った立派な幹に見えるが、まわりの風あたりが強かったり、大きな力が加わったりするとポッキリ折れてしまう。中が空洞化しているからだ。

自分の能力がまわりから否定されたとき、うまくいっていたはずのことがうまくいかなくなったとき、芯がないためポキッといってしまうのだ。根の貧弱な木が一度倒れてしまうと、心身共に病気になるケースも多い。

自己肯定感の根っこがしっかり張っている人は、大失敗して幹が折れたとしても、しばらくすると、折れた部分からまた新しい芽をぐっと伸ばすことができる。根があるからひしゃげてももう一度立ち上がれるし、再生することができる。

「もう一度がんばってやり直そう」

目の前の出来事を、受け入れる強さがある。

根拠のない自信と、有能感が両方あれば、人は自己実現に向かって伸びていく。外の世界と関わりながら、自分にとってよりよい状況をつくっていくことができるのだ。

つまり、その人がよりどころにしている、「信念」や「思いこみ」や「価値観」などの幹が「自信」なら、そこから張り出す太い枝は「信念」(belief) だ。

自己肯定感の根が育たないまま、有能感だけで生きてきた人の持つ信念は、次のような考え方である。

「勝たないと意味がない」
「失敗してはいけない」
「間違ってはいけない」
「対立してはいけない」

常にまわりの目や評価を気にする「見方」を持っている。今、自分の置かれている状況を客体的にとらえるため、出来事や相手によって感情が引き起こされ、反応する。

一方、**自己肯定感を持つ人の信念は、いくぶん主体性が強い。**

「自分が心を開いたら、相手も心を開いてくれる」
「本当にその人との関係を大切にしたいなら、ときには言い合ったり、対立してもいい。

そこでお互いの事が少しでもわかり合えたら信頼はもっと深まる」

自分が本当につらいときに、お母さんが寄り添って「つらいね」と言ってくれた経験。あるいは、身近な人に寄りかかって甘えた経験。**自分の心に残る血の通った温かな経験が、人の信念を作り出していく。**

ねえねえお母さん
ねえねえお母さん
ねえねえお母さん
何だかわからないけど不安なの
たすけて欲しいの
ああ創造主よ、大いなるものよ！

これはラコタのセレモニー・ソングで、心からお母さんに甘えたい気持ちを、創造主への祈りにして送る歌だ。

甘えるということは、「あるがまま」を受け入れてもらえるということ。

あるがままの自分への信頼があるからこそ、友だちをコントロールしようとせず、対等な関係でゆるやかにつながれる。

相手のしていることや言っていることが、間違っていると思ったら、「それは違うと思う」と相手の存在を否定せず伝えることもできるし、自分にとって嫌なことは「NO!」とも言える。

切れない絆が存在することを知っている。

belief(信念、価値観)は、その人がとる態度やものの見方に、とても大きな影響をもつ。太い枝が「信念」なら、その信念に基づいて人は枝葉を広げる。

枝葉とは「反応や態度や行動」だ。立ち居ふるまいや、言動。人に何か言われたときのレスポンスの仕方など、あらゆる外に向けての反応のことだ。

誰もが「自分の存在」を認めてほしい

サウスダコタ州の南部パインリッジ居留区のあるコミュニティーで、5年間一緒にサンダンスを踊ったJという青年がいる。ぼくより20歳も年下だが、ダンスを踊り始めたキャリアでいうと彼の方が先輩だ。

彼と初めて出会ったのはサンダンスの約1ヶ月前におこなわれる儀式「ビジョンクエスト」のベースキャンプだった。

そのころJはまだ14〜15歳だったと思う。いかついサングラスをかけ、レンズの下からぼくを見て、「オマエ誰やねん」という目をして威圧的だった。

だが、斜に構えた態度とうらはらに、Jは儀式全体を仕切っていたエバレット・ポアサンダーの右腕として、てきぱき動いていた。ぼくに同行していた義兄弟のベンジーが、Jの働きぶりを見て「君のこと、ラコタとして誇りに思うよ」と言ったぐらいだ。

彼と毎年セレモニーで会うようになって2〜3年たったころ、ある友人がぼくに話してくれた。

「Jは今ではあんなにしっかりして明るいけれど、5年前までは学校もドロップアウトして、ギャングに入って、手がつけられなかったんだよ」

彼の家庭はラコタ社会ではかなり裕福で、お母さんも定職を持っているし、ラコタの人にはめずらしく海外旅行経験もあるらしい。お母さんはサンダンス中、女性ダンサーを束ねて引っぱるリーダー的存在で、相当な人格者だとぼくは思っていた。こんな環境で育ったのに、どうしてそんなに荒れてしまったのだろう？　ぼくには疑問だった。Jには兄さんも姉さんもいる。みんなにかわいがられてぬくぬくと育っていてもおかしくはない。

実は、Jには車イスに乗った兄さんがいた。事故にあったため下半身が麻痺してしまい、手も思い通りには動かない。排便も食事もすべて母親の手を借りなくてはいけない。兄が事故にあったころ、Jはまだ幼かった。幼いJはいちばんかまってもらえる時期に、まるで兄と弟が逆転したようにふるまわなくてはいけなくなったのだ。

寂しさは怒りに変わり、はけ口を外に求めて悪さの限りをつくした。

子どもは自分に対するまわりの反応が薄いと、悪さをしてでも反応をもらおうとする。反応がなければ自分の存在がどんどん消えていってしまうように感じるからだ。誰もが自分の存在を認めてほしい。

当時Jは、読み書きがまったくできなかったそうだ。それぐらい学校には行かなかった。

身近にいたエバレット・ポアサンダーとマーヴィン・ヘルパーの兄弟は心配し、Jに今まで以上に接触した。

この兄弟メディスンマンは、サンダンスのセレモニーの中で、かつてはヘヨカ（道化）を演じた男たちだ。彼らのいるところは常に笑いがあふれている。下ネタ、バカ話、一発芸、何でもござれ。大阪のミナミにでもいそうなおっちゃんだ。

これは想像の域を超えないが、荒れて突っ張っているJにアプローチしたときも、分別あるおとなが行う、生徒指導的、道徳的なやり方ではなかったと思う。

たぶん、彼をセレモニーに来させるため、半ばだましてそこに向けたのだろう。そこでJに役割を与え、祈ることを教え、小さな成功体験をさせた。できたことを認め、積極性を引き出し、おそらくセレモニーのとき以外は〝いじり倒し〟たのだろう。一緒に腹を抱えて笑ううち、Jは二人になつき、受け入れるようになっていったのではないか。

二人の兄弟はJに読み書きを教えた。マーヴィンは美術の教師の経験もあったので、Jの芸術的センスを見抜いた。一緒に音楽を奏で、絵を描いた。そうして本気で一緒にいてくれる存在を得たことで、Jの自己肯定感と有能感は育っていったのだろう。

今ではJは、コミュニティーの誰よりもおもしろくて、たのもしくて、責任感のある男になった。数年前には大学を出てエンジニアの仕事をするまでになった。

彼を育てたのは、甘えさせてくれる存在、一緒にいて共感してくれる存在、できることをちゃんと認めてくれる存在だ。

そして彼自身が大いなる存在への祈りを知ったことだと思う。

今でもJと会うと「ベンジーは元気にしてるか？」と聴いてくる。

「いつもベンジーのことを口にするね」とぼくが言うと、「ベンジーは、オレにとっては特別だ。あのころ俺を『ラコタの誇りだ』なんて言ってくれる人はいなかったから」とJは答えた。

「主体的」と「積極的」の違いとは？

ぼくらは、似たような言葉をあいまいな認識で使っていることがある。

あいまいなまま使うのは、その言葉の意味が重要視されていなかったり、理解が浅かったりするためだ。この項では、ぼくが今、一番こだわっている言葉に触れておきたい。

それは「主体的に生きる」ということだ。

「積極的」と、「主体的」は違う。

たとえば子どもの性格を説明するとき、積極的と主体的を、同じようなニュアンスで使っていないだろうか。

積極的の反対は消極的だ。ある子が何かの場面で積極的に行動し、言動もポジティブだったとする。周囲は「あの子は積極的だね」と評価する。逆に消極的で、言動もちょっとひかえめ。何かをやろうという呼びかけに対して反応が薄いと、消極的という評価が下る。

20年ぐらい前までの学校教育の現場では、積極的であるかどうかが評価の大きな基準になっていた。ぼくの記憶では、主体的という言葉はほとんど聴いたことがない。教師も親も、子どもの積極性ばかりを気にかけていたように思う。

「うちの子は、なんであんなに引っ込み思案なんでしょう。もうちょっとハキハキものを言ったり、シャキッと行動したり、積極的になってくれたらいいんですけどね」

大方の親は、そんな思いを持っていたのではないだろうか。

積極的かそうでないかは、外からも見えやすいため、評価の基準にされやすい。高度経済成長期からバブルがはじけるまでは、学校だけでなく社会全体がその基準でよかったのだと思う。物を作れば売れた右肩上がりの時代、目標達成に向かって積極的であることや、周囲の期待に十分応えられる行動力のある人材が必要だったのだ。

しかし、ここ20年で社会は大きく変わった。

経済は停滞し、伸びるきざしはなかなか見えない。「オレはこうやってきたから」という先輩社員の経験談が正しいのかもわからない。何を信じたらいいかが見えにくい時代になっている。

積極的に何かに取り組んでも、心の中が満たされない。空虚感を感じてしまう。以前なら積極的に行動した結果、まわりからもらえていたごほうびも、不況の最中ではは目に見える形ではない。

実社会でも教育の現場でも、「問題を創造的に解決できる」ことや「生きる力を育てる」ことが、本当の意味で大切だとしきりに言われている。

生きる力とは、「自ら問題を発見し、自ら問題を解決できる力」だ。

つまり、まわりで起こっている現象や見たり聴いたりしたことが、自分にとってどういう意味を持ち、何が本当の問題なのかを発見すること。これが主体性を持って生きるということだ。

社会も主体性が大切だと気づき始めてはいるが、実際に主体性を育んでゆくために何を身につければよいのか、議論が交わされることは少ない。

ここで、主体性について理解をすすめるために、座標軸をつくってみる。

横軸は、右に「積極性」を置き、左に「消極性」を置く。言動が積極的であるか、そうでないかを表している。

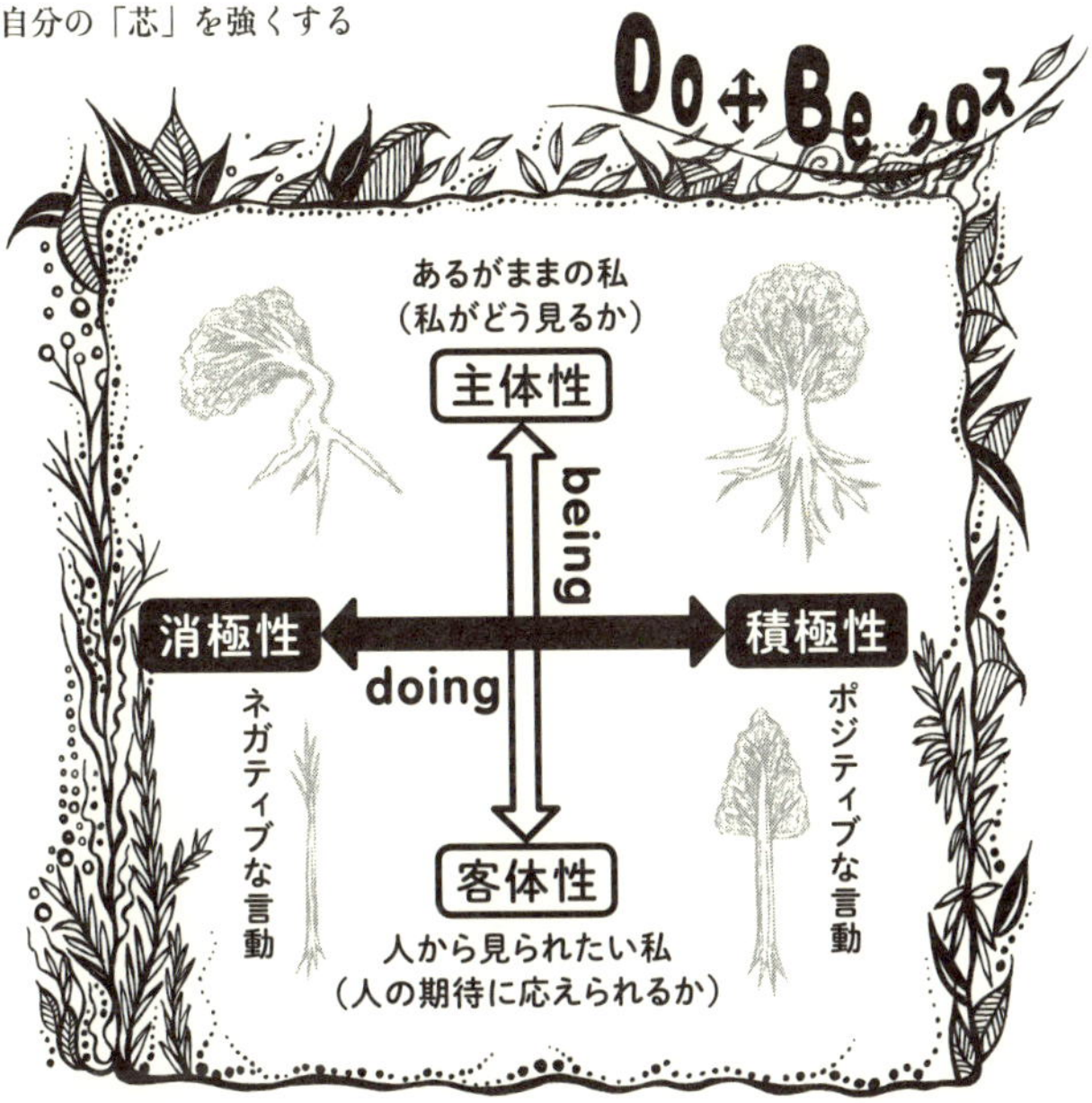

縦軸は、上に「主体性」を置き、下に「客体性」を置く。主体性とは、自分が今どう感じているか、今の状況が自分にとってどうなのか。自分のあるがままの感じや自分の見方をもって存在するあり方。

主体性が強い人は、あるがままの自分を大切にする。**客体性とは、人にどう見られるかや、人の期待に応えられるかを強く意識して存在しているあり方。**客体性が強い人は「こう見られたい」という気持ちが高い。つまり、見られたい自分で存在している。

横軸は「行動の仕方＝doing」で、縦軸は「存在のあり方＝being」を表すので、ぼくはこの座標軸を「do+be クロス」と呼んでいる。

まずは、この座標軸を見たとき、自分がこの四つの領域のだいたいどのあたりにいることが多いか考えてみてほしい。

それから次に、生まれてから今日までの間、どの時期にどこにいたのか。今の自分は、どんな場面でどこにいるのか考えてみるとおもしろい。

元気なパフォーマンスが売りの会社や、学力の高いエリート校やスポーツがよくできて元気のいい学校では、右下のゾーン（積極的で客体性が強い）にいる人がとても多い。

彼らはできるかできないか、成功するか失敗するかに気持ちが向けられやすく、またその過程で人からどう見られているか、どう評価されているかに敏感だ。アクティビティ（みんなで力をあわせて関わり合いながらひとつの課題をクリアする活動。コミュニケーションや協力性がもとめられる）を始めると、モチベーションも最初から高く、とにかくとっつきがいい。

多少困難に見えるものでも「ムリ！」という言葉は出ないし、何の疑いもなくスタートする。明るいし、積極的だし、ノリがいいし、身体能力も高い。誰からも高く評価される優秀で元気な人たちだ。そして、ずばぬけて課題達成能力も高い。

しかし、この人には一つだけ苦手なことがある。

ぼくらのワークショップでは、アクティビティが終了すると、体験中に起こっていたことを丁寧にふり返る時間をもつ。ふり返り用紙の設問に従い、「あなたはどんな場面で、どんなことを感じていましたか？　そのときどんな反応や態度をとっていましたか？」と問うと、何を書いていいのかわからないのだ。なかには、何を問われているのかさえわからない人もいる。

グループアクティビティでは、次から次へとさまざまな出来事が起こる。グループ全体の空気感も、モチベーションが高くアイデアがどんどん出てくるときもあれば、何回トライしてもうまくいかず失敗をくり返すときもある。そんなときは空気が重たくなり、モチベーションが下がる。

アクティビティ中には、活発に発言する人もいればほとんど声を出さない人もいる。しかし、一人ひとりの心の中ではめまぐるしく気持ちが動いている。

「グループの人に自分のアイデアを言ったら、受け入れてもらえるだろうか」

「失敗してしまったらどうしよう。責められるんじゃないか」

「失敗したとき、何も言われなかったけど本当はどう思ってるんだろう」

などなど。与えられた課題を時間内に達成できず、アクティビティ中もそんなに目立った行動をとらなかったのに、ふり返り用紙を配るとびっしり小さな字で自分の心のプロセスを書いている人もいる。行動（doing）は消極的だが主体性を持ちながら存在している左上ゾーン（消極的で主体性が強い）の人はまさにそうだ。

「Aさんが、○○ちゃんって自分の名前を呼んでくれたとき嬉しかった」
「みんながこうしようと言い出したとき、その方法では失敗してしまうと思ったけれど言えなかった。みんなが言う通りやって、やっぱり失敗。でもBさんがドンマイって言ってホッとした」

こういう文章を書く人は、行動は比較的おとなしい。でも実は、そのときの自分の気持ちとしっかりつながっている。あるがままの自分に「恐さや不安」を抱えているため、なかなか行動という形にならないだけだ。

右下ゾーンにいる人は、左上ゾーンとは違って、成功すること、目標を達成すること(doing)に意識が向いているため、自分を主体にして自分の中で動いている感情に触れることがなかなか難しい。右下ゾーンの人がふり返り用紙に書くのは、こんなことだ。
「30分で課題ができて嬉しかった。自分は1回失敗してしまい、足を引っ張ってしまって迷惑をかけた」

人の期待に応えることに、自分の存在理由を見出してきた有能な人たちだ。相手の要求には敏感だが、「あるがまま」の自分の気持ちや、何を大事にしたいかという「自分を主体にしたあり方」には、むしろ鈍感なので自分の本心を感じとれない。

実はこういうエリートと呼ばれる人ほど、ポキンと折れやすい。

ちょっとしたつまずきをきっかけにして立ち上がれなくなったり、病気になったりする。今までの自分は何だったのかと落ち込んで這い上がれなくなる。

そして左上ゾーンに移っていくという現象が起きる。右下から左上に移動するのだ。これは長い人生のスパンで考えれば、決して悪いことではない。

たとえうつ状態になったり引きこもりがちになったとしても、それはその人があるがままの自分の声に耳を傾けるようになったということだからだ。

それまでは、誰かの望む人生を生きていたり、社会が認めてくれることにしがみついていたのだろう。それをあたかも、自分らしさであるかのように勘違いしていた。

「自分の人生って何だろう？」

「なんのために生きているのだろう？」

そう気づいたときには、答えの見つからない真っ暗なトンネルを走っている。

だが、**悩みとはそもそも主体的なものだ**。

堂々めぐりして考えることは、しんどいが主体的に生きている証である。そんなときこそ、寄り添って共感してくれる人に、自分を主体にして語り、聴いてもらう必要がある。

自分を「弱い」と否定せず、大切な時期にいるのだと思ってほしい。

誰かに語るうちに、今まで意識していなかったあるがままの自分が少しずつ顔を出すだろう。

一番苦しく悲しいのは左下ゾーン（消極的で客体性が強い）にいる人だ。

どんなことをやっても自信がなく、まわりを気にしてすぐにムリだとあきらめてしまう。有能感もないし、いつも周囲から否定されている感じがして生きている意味を感じることが少ない。

「どうせ、オレなんか何もできないし、いてもみんなの足をひっぱるだけ。ここにいてもいなくても、どっちでもいいんだ。どうせ自分のこと見ている人もいないんだから」

自分なんか価値がない、消えてなくなりたいという思いで投げやりに生きている。

この度合いが激しくなると、自分の存在に気づいてほしかったことや、誰からも肯定的に評価されなかった悲しみを抱えたまま、命を絶ってしまうこともある。

恨み、妬み、怒り、悲しみ、その全部をその人として丸ごと受けとめてくれる存在や、自分のあるがままを受けとめてくれる人、本気で向き合ってくれる人……本来親が子どもにするように無条件に受けとめる人が必要だろう。

そして、行動できたことを一つひとつ認めてもらい、小さな成功体験を持つことが大切になってくる。作為的にほめるのではなく、できた事を純粋に喜んで認めてくれる人。

beingとdoing両方に働きかけてくれる人が必要だ。

誤解があってはいけないのは、「自分は右下ゾーンだ」というように固定化するものではないということだ。あるシチュエーションのときには右下ゾーンのこのあたり、あるときは左下ゾーンのこのあたり、というように、人は相手や場面によってさまざまな存在に変化して生きている。ただ、たいていの人はどこかのゾーンにいる時間がとても多く、固定化しやすい傾向がある。

もし今、何かがうまくいっていないなら、自分がdo+beクロスのどこにいるのか考えて欲しい。幸せで心地いいときの自分は、どこにいるかも考えてほしい。何が心地よくて何が心地悪いのか、誰かと話してみるのもいい。

右上ゾーン（積極的で主体性が強い）にいるときの自分は、あるがままを大切にし、自分の見方でものごとを受け取り、積極的に行動しているとわかるだろう。

このとき人は、相手の存在もあるがまま受け入れられるので、意見が違ったとしても認め合うことができるし、違うことから何か新しいものを生み出し、想定外の嬉しさを体験できたりする。

いきなり積極的で主体性が強いゾーンを目指すのは難しいかもしれない。行動は積極的であろうと、そうでなかろうと構わない。でも自分の物語の主人公はやっぱり自分だ。

自分にとって大事な場面では、主体ゾーンに存在してほしいと思う。

他人とぶつかって自分の輪郭をつかむ

高度経済成長期を代表するマンガ『巨人の星』や『あしたのジョー』の主人公は、親から「あるがまま」の自分を受け入れてもらったことのない人だ。そして母親不在である。彼らはがんばってがんばってトレーニングを積み、努力して努力して成しとげ、その世界にすべてをかけて認められようとする。だがジョーは最後には燃え尽きてしまう。『巨人の星』では幼少の頃から父がスパルタで飛雄馬を鍛えあげ、飛雄馬は期待に応えながら成長する。まさに「doing」にしがみついた条件付きの肯定を父からもらいながら育つ。唯一の救いは、姉明子の母性に支えられたことだ。

高校野球を経て巨人軍で力を発揮した飛雄馬は、美奈さんと恋に落ちる。彼女とのつき合いを通して無条件の愛を経験する。野球ロボットだった飛雄馬が、人間飛雄馬に変わるのだ。

しかし、ようやく人間の感情を持てたとき、美奈さんは難病で逝ってしまう。人間の感情をもってしまったがゆえに悲しみは大きく、スランプに陥ってゆく。やがて、長いトンネルを抜け、ゲームに復帰した飛雄馬は、最後に敵チームの監督となった父と対決する。そして親を倒すのだ。まさに親殺しである。

全力で父を乗り越え、やっと男と男の関係になったとき、飛雄馬は二度と投げられない体となる。ラストシーンは父一徹が息子である飛雄馬をおぶうシーンだ。二人がただの親と子に戻ったその瞬間で終了する。

二つのマンガに共通するのは「doing」へのしがみつきと燃えつきである。

ジョーも飛雄馬もマンガの中の話とはいえ、現実に実在していそうな二人だ。

それにひきかえ、『天才バカボン』のファミリーはまったく違う。あれもこれもうまくいっていないのに「これでいいのだ！」と全肯定だ。

バカボンのパパの有名な最後のひと言は、ものすごく深い。

「いいのだ」という言葉をもらうだけで子どもは安心する。まったく根拠はないけれどかと思う。

「これでいいのだ」なのだ。

バカボン一家の一人ひとりは、有能感はさておき、自己肯定感はかなり高いのではないかと思う。


今までぼくは、たくさんの根のない木を見てきた。

根もなく、有能でもないと思い込み、自分の価値を否定している木もあった。

たとえばあなたが、東京ドームのような広い空間に、目隠しされて連れて行かれたと想像してほしい。

真っ暗で、目隠しを取っても何も見えない。気付いたら相手もいなくなっている。何も見えず、触れることもできず、声を出しても返事がない。もしこの状況が数時間続いたとしたら、あなたが今ここに存在しているという感覚は、だんだん消えていくのではないか。

1時間くらいさまよった後、ようやく壁にぽんと手が当たる。その瞬間、ハッとするはずだ。自分がここに存在しているという感覚がよみがえる。それは、生命感覚といってもいい。

人はひとりで生きているのではない。まわりの人のさまざまな反応が、自分の存在を照らすのだ。だから、**目の前にいる人と関わって反応を返してもらわないと、自分が実在し**

ているという感覚さえなくなってしまう。

存在感覚の弱い人は、血のかよった人と交わる中で、しっかりとした反応を返してもらったことが少ない。ノンレスポンス状態で今まで生きてきたのではないかと思う。

現実世界には存在しにくいから、ネット上のバーチャルな世界の中で存在する人もいるだろう。そこでは、何かを問いかけたら、すぐに反応を返してくれる人がいる。

ただしその反応は、あるのかないのかわからない世界からのものだ。何の責任もない架空の空間。しかし、そこで起こっていることが自分の全世界のように勘違いしてしまうと恐ろしい。

バーチャルはバーチャル、架空の世界だ。

人と人とが温もりを伴ってやりとりをしなければ、生命の木は絶対に育たない。

価値観が変わると「過去」も変わる

生命の木がしっかり根を張り、育っていくために最初に必要なことは、自分の今日までの人生をひとつの「物語」として読み直してみることだ。そして「気づき」を得ることだと思う。

自分が親に甘えられなかったことが、今も人に甘えられないことにつながっていると知ること。だから、上手に甘えられるあの人にイラッとくるのだと知ること。親の物語の中に取り込まれてしまっていたと知ること……。

このような自分の問題に気づくと、人は少しラクになる。この本を読んでいるみなさんは、もう気づき始めているはずだ。


ラコタの人たちから学んだぼくのワークショップでは、輪の中で自分のことを語る時間を大事にしている。

アクティビティを体験した後、人と関わる中で感じた不安や恐れや喜びを、ただただ周囲の人に聴いてもらう。思いを分かち合って受けとめてもらうと、封じ込めていた感情が次々に浮上してくる。

「本当はもっとこうしてほしかった。あのときこう言いたかった」

あるがままの生の感情をみんなで共有すると、そこに安心が生まれ、その後のアクティビティではグループの仲間から自然に声がかかるようになる。

「ほんまはどうしたいん？　嫌なら嫌って言うてもぜんぜんかまへんねんで！」

関西の子は相手を思いやるとき、そんな言い方をする。

「ごめん、やっぱりムリやわ」

互いを受け入れ合った温かな空間では、嫌なことを嫌と言っても大丈夫だとわかる。そして、**「No！」と言うことは意外と心地いいのだと気づく。**

こうして自分の中で抑えていた想いを解放し、「いい感じ」をくり返し経験していくと、人は変わっていく。

信念が変わると、ものの見方と受け取り方が変わる。すると、今が変わるだけでなく過去に体験した出来事へ抱いていた感覚やその意味も変わり始める。

そう、過去は変わるのだ。

ぼくらが過去の事実だと思っていることは、そのときの自分の見方で受けとった感じが心に刻まれているだけのこと。

今、新しいものの見方を持ったあなたには、もう過去の事実は違うものになっている。

STEP 4

ひとりで生きようとしない

家族は拡大していくもの

ラコタの人たちの「ティオシパイェ」というつながり方が、ぼくは好きだ。

ティオシパイェとは、血のつながりのある家族だけでなく、セレモニーを通して親子や兄弟姉妹の縁組をし、それに伴って、おじ、おば、従兄弟になったものたちが親せきとなり、ゆるやかに家族が拡大していくことだ。

初めてスウェットロッジ・セレモニーに参加したとき、高校生くらいの男の子が「ぼくのアンクル（おじさん）です」と言って、メディスンマンのロイを紹介してくれたことがあった。今、思えば、ロイと本当に血のつながったおじではなく、他にもロイをアンクルと呼ぶ人は何人もいた。

ぼくにも兄弟の契りを交わした兄のベンジーがいる。ベンジーにとってロイはティオシパイェのおじだから、ぼくにとってもロイはアンクル・ロイだ。

ベンジーにはグランパ、グランマ、ブラザー、シスターが何人かいるから、ぼくにもグランパ、グランマ、ブラザー、シスターは何人もいるし、ベンジーはぼくの息子たちを甥っ子と呼ぶ。国や民族をこえてぼくらはティオシパイェの家族なのだ。

誰かの面倒を見たり、誰かの存在に助けられたり、まるで家族のような付き合いが、ここではごく当たり前に行われている。

毎年夏になると、ぼくは居留区に滞在しているが、夜になるとしょっちゅう誰かの家に人が集まって、お茶やコーヒーを飲みながら、夜更けまでおしゃべりが続く。その間には電話を借りに来る人、人の家でも自分で冷蔵庫を開けて炭酸飲料を飲む人、色々いる。大きいカップになみなみとコーヒーが注がれ、カップの中が空になると、すぐに注ぎ足してくれる。そして、いつまでも会話が続く。

何度も昔話をして、笑いあったり、誰かをからかったり。かと思えば深刻な話もする。まるで家族のようだ。そこにいるだけで「君はそのままでいいんだよ」と認められている気がして、ティオシパイェの一員であることを実感できる。

こうして**自然な流れの中で人とつながっていると、なにかあったときに自然にヘルプが出せるし、抑止力も働く。**ヤンチャざかりのときでさえ、悪いことをする前にはそれなりにブレーキがかかる。親、祖父母、兄弟姉妹、おじおば、いつも見守ってくれる人の顔が頭に浮かぶからだ。

「ここから先はまずいな。あの人たちを悲しませたらあかん」

今の日本は互いに助け合うコミュニティーのしがらみや結束力が弱くなってきている。よくも悪くもおせっかいなほど口をはさんでくる地域のつながりは、希薄になってしまった。だからこそ地域を越えたティオシパイェ的つながりを持つ場や関係性が必要だとぼくは思う。

また、ラコタの人たちと違って日本では、自宅に人を入れることも、人の家にあがることも少ない。人と会うというと、どこか外の店でということになる。

これはどういうことなのだろうか？

迷惑になる？　何か踏み込まれたくない距離がある？　ぼくは、家に招くことをもっと気軽にすると何かが変わる気がしている。

それぞれが今より少しオープンな心を持つと、迷惑という考えにとらわれず、ラクになるのではないだろうか。

最近はホームパーティーという形で人の家で「飯を食う」ことが増えているが、少々かしこまっているような気がする。

ティオシパイェの感じはこれとは違う。

「コンコンコン」

「誰や、入れ！」

「こんばんは」

「おお、久しぶりやなあ、入れ。飯食ってけや！」

「すみません、こんな時間に」

「コーヒーどうや？」

「ハイ、いただきます」

「カップは戸棚に入ってるわ。好きにして」

ラコタの人の家で食事をするときは、いつもこんな感じだ。ぼくが主宰するマザーアース・エデュケーションでも、限りなくこの状態に近い。

ぼくはある人からは「じじさま」、ある人からは「父ちゃん」と呼ばれている。だからわが家はしょっちゅうティオシパイェの家族の誰かが食事をし、泊まっている。ベンジーがよく「Door is always open」（いつ来てくれてもいいよ）と言うが、そんな家が、わがティオシパイェにはたくさんある。

関わり始めたばかりの若いスタッフは、人の家でほとんど飯を食ったことがないのか、招かれたお客さまのようにぎこちない。その場にいてどうしたらいいのかわからない。

ティオシパイェでは金も物も知恵も、ある人がない人にふるまい、与えつくす。持たな

い人は当たり前のこととして、それに頼る。

できる人が、できることをできるときにする。できないときはないと言うし、できないときは「今できない」と言う。持っていない人は持っていないのだから、助けてもらう。

ただそれだけだ。

日本だと、世話になるとすぐ何かお返しをする。何かをもらったらすぐ何かを贈る。こんなことをしていたらキリがない。

ぼくは人からもらったら、ただ「ありがとう」と言ってもらいっぱなしにする。日本でもこういう関係性があたりまえになるといいと思う。

だからこれからは、人の家でご飯を食べたり何かをもらったら、もらいっぱなしにしてみてほしい。その代わり、自分ができるときには人に与え尽くす。こうして居心地のいい関係はできあがっていくのではないだろうか。

海を渡って「アメリカ」に来た人たちが、先住民の大地を侵略して自分たちが支配する国をつくろうとしたとき、**一番恐れたのは武器でもなく戦士でもなく、ティオシパイェという「深いつながり」**だった。

それゆえに彼らは同化政策の名のもと、英語を話すことを強要し、未来の担い手である子どもたちをティオシパイェから引き離した。馬車で何日もかかる遠く離れた白人の寄宿学校で、白人化させる施策をとったのだ。ティオシパイェを通して培われるアイデンティティーをこわそうとしたのである。

やがて居留区が指定され、主体性と自由を奪われ、不安の中に立たされたラコタの人たちに、新たな大地の所有者となったアメリカ人がシェリー酒とウイスキーをもたらした。これは白人の個人主義的アイデンティティーを注入されたことと同じくらい、ティオシパイェ解体に威力を発揮した。

家族とティオシパイェに甘えられなくなり、不安の中でアルコール依存にひたりきった親たちのしつけは、それまでの拡大家族の愛に包まれた子育てから、自分の言うことをきかせる暴力によるしつけに姿を変えていった。

その中で育った子どもたちは、自分の生命の価値を信じられず、おとなになることへの憧れも持てず、若者に自死の空気が伝染病のように広がった。

現在も、そのにおいはかすかにリザベーションに漂っているが、60年代の公民権運動と共に復活したセレモニーは、もう一度ティオシパイェを再生する力の一つとなった。そして今は、創造主から与えられた自分の生命の物語を生きる原動力となっていると思う。

「ヘルプ」が出せてこそ一人前

甘えた子（甘やかされた子ではない）が自立できないというのは嘘だ。

甘えたいときにちゃんと甘えられた子こそが自立できる。

ちゃんと甘えてきた人は、助けてもらった経験がある。そのときの安心感を知っている。だから、人のことも助けたいと思えるし、助けてもらいたいときにメッセージを出すことができる。

逆に、甘えたいときに甘えたことのない人の多くは、それを悪いことだと考えていたり、迷惑をかけるのはダメなことととらえていたりする。人に助けてもらうことがどう心地いいのか感覚的にわからないし、人のヘルプメッセージを大切に扱い温かく応えることも難しい。これは自立ではなく「孤立」だ。

自分のことをちゃんと自分でできるのは大切だし、がんばってできることはやったらいい。だが、ものごとにはがんばってできることと、できないことがある。できないときに誰にも助けを求められなければ、ひとりぼっちになってしまうだろう。

本当にひとりぼっちになるのは、震災などの大きな事件が起きたときではない。そのときはみんな困っているから、誰もが「ムリ！」「ヘルプ！」と言える。

問題は震災のほとぼりがさめたころから始まる。生活が少し落ちつき始めると、周囲と関わり合う必然性が極端に減ってくる。精神的不安や恐怖感、人を助けられなかったこと、自分が生き残ってしまった自己嫌悪感が、大きなストレスとなって押しよせてくる。

そのときこそ誰かに向かってヘルプメッセージを出すときだ。しかし、人に依存して受け入れられた原体験がないと、外に向かってヘルプが出せず、自己完結しようとして「孤立」する。

「甘える」というのは、「依存する」ということでもある。

「依存」も「甘え」と同様にいい意味で使われない言葉だが、時と場合によって人に依存するのは大事だ。

「今どんな感じ？　大丈夫？」

と尋ねると、反射的にこう言ってしまう人が少なくない。

「大丈夫です！」

ぼくもそうだったのでよくわかる。「大丈夫です！」以外の選択肢は何もなかった。

外から見ていると、どう見ても大丈夫じゃなさそうなのに、自分でなんとかしようとする。これは手伝ってあげた方がよさそうだな、話を聴いてあげた方がよさそうだな、と思うと、ぼくはからかいながら手助けすることにしている。

がんばってできたときは達成感があり、「次もがんばろう」と思えるけれど、ムリをしすぎると「もうウンザリ！」と、誰かにやらされた時の感じに似た悲《ひ》愴《そう》感すら生まれる。

「がんばってする」と「ムリしてする」は違うのだ。

自分がムリをしていると思ったら、誰かにちゃんと依存した方がいい。「大丈夫！」が口グセになったら要注意だ。なぜならぼくらは、ひとりで生きているわけではない。常に周囲の人と関わって相互依存しながら生きている。

甘えや依存は、他の生命と関わりながら強く生きていく自然界の摂理だと思えばいい。

「甘えたり甘えられたりできる関係。それが人間なんだよ」

居留区に住み始めたころ、アンクル・ロイがぼくに言ってくれた。

人はヘルプメッセージが出せるようになって初めて、本当に自立できたと言えるのだ、と。

1対1より「小さな集団」を頼る

ふと立ち止まったとき、悩みを聴いてくれる人がそばにいるのは、すてきなことだ。ただ、その関係が1対1の場合、人の話を聴き続けるのは、相当の時間とエネルギーが必要だ。そのうち一方が負担に感じるようになって、離れざるを得なくなってしまうことが多い。

よほどしっかりと〝相手に寄り添って聴く〟ことにコミットしているか、お互いに助けたり助けられたり、共にいることが幸せに感じる相手であること。

相互に依存し、甘えられる相互依存の関係が成り立つ奇跡の出会いでないかぎり、関係の継続は難しい。そんな相手に出会えた人は、とても幸せだ。だが、**少し間違えると、甘えたい人と甘えてほしい人が互いに自立を邪魔し合う、共依存の関係になってしまう。**

それに比べて、グループで支え合う場合は責任も負担もシェアされているし、ひとりの力に頼るのではなく、場に力が宿る。自分の思いを受け止めてくれる複数の共感的まなざし温かさは、場に大きな安心感を生み出す。

アドバイスも、「もしそれが私だったら……」という言葉で語られることが多く、強要感やコントロールがない。**人の数は「足し算」ではなく「かけ算」のように、とてつもない力になる。**

ラコタの人たちの「ティオシパイェ」という拡大家族のあり方やセレモニーは、その力を存分に使っている。

話を聴いてもらうだけで十分に満たされるし、自分の思いが整理されていく。話の内容が悲しく、つらく、重たくても、話しているときの場が温かかったり、大切にされている感じがあると、つらい感覚が温かさとあいまって緩和されてゆくのだ。


ぼくが主宰する小学3年生~6年生向けに行っている「リトルウルフキャンプ」では、家族同士のつながりを大切にしている。

キャンプ前の説明会には、必ず保護者の人に参加してもらい、自己肯定感を育むためにぼくらが大切にしようとしている「よりどころ」について聴いてもらう。その話を受けてお母さんたちは、子どもの現状だけでなく、自分自身の悩みや、自分がどう育ってきたかまで語ることがある。

話をするうちに泣きだしてしまうお母さんもいるが、聴いている人たちが「それ、わかるわー」「私もそういうこと、あるよ」と、今度は自分について語り出す。

子どもがキャンプから帰って2～3週間後、「思い出会」を開き、キャンプの映像を見て、再び保護者と分かち合いのときを持つ。子どもがキャンプ中どうだったか、帰ってからどう過ごしているのかを話しながら、親もまた自分自身の話をする。

キャンプに参加するのは子どもだが、家族の背景もふくめてキャンプが行われている。リトルウルフキャンプのリピート率は60％を超え、一度来た子はだいたい3年以上は参加してくれる。そのうち親同士が仲よくなり、今度はおとな版の「ビーウルフキャンプ」に参加してくれたりする。

少し成長した子どもたちは、思春期特有のちょっとややこしい時期ではあるが、中学生向けの「ジュニアウルフキャンプ」にやって来る。やがて子どもたちを支える側になりたいと、スタッフとして関わる人も出てくる。いつの間にか家族全員と長いつきあいになっていく。

こうしてぼくのティオシパイェはできてきた。

ティオシパイェの仲間は本当にありがたい。特に自分の子どもが思春期に入ったとき、そう思った。

子どもが思春期に入ったら、親だけで子育てをするのは無理だ。**思春期の子どもが親の言うことを全部素直に聴いているようなら、ほぼまちがいなくコントロール関係の中で親の物語にすっぽりとりこまれていると思っていい。**

子どもが言うことを聴かなくなったら、そのときは誰かに子どもを育ててもらわないといけないとぼくは思うし、うちの子も育ててもらった。

自分のまわりに、ゆるやかな絆でつながったグループがあるといい。同級生でも、先輩でも、後輩でも、ママ友でも、趣味の仲間でも。一人ひとりの存在を認め、互いに助け合い、甘え合えるグループがあれば、自分のキャパを超える苦しいことがあったときも安心して助けてもらうことができる。

「泣く」ことで自分を育てる

ラコタの人にとっては、儀式は祈りの場だ。ぼくが初めて人が声に出して、祈っている場に立ちあったのは、ＹＭＣＡのスタッフだったときの職員礼拝だった。

ＹＭＣＡはキリスト教の聖書の言葉をよりどころにして奉仕や教育、国際交流など、さまざまな分野で活動を展開する組織だ。

ぼくはここで自分の進路と、人が自ら成長してゆく学び方の基礎となるものを得たと思っている。ＹＭＣＡで出会った人や事柄は、今もぼくに影響を与え続けている。

その後アメリカに渡り、インディアンのセレモニーの場で人が祈っている姿を目の当りにしたとき、キリスト教的祈りの場とは、随分違うと思った。キリスト教の祈りは、ラコタの人たちと比べると、より理性的に感じる。ラコタの人たちの祈りは、より情動的といったらよいだろうか。

ラコタの人の祈りは、創造主（ワカンタンカ）や、我々をとりまく精霊（スピリット）……トウンカシラに直接呼びかけている感じだ。大いなる存在を信頼し、「あるがまま」の自分をさらけ出して呼びかけるので、泣く、声をふるわせる、叫ぶ……。それはまさに声を送っている感じになる。

あるがままをさらけ出して声にすると、人の内側から出てくる祈りは、およそ四つのカテゴリーに集約される。

ひとつ目は、「今、不安定な場所に立つ息子が、暗い深い穴に落ちることがないよう守ってください」「母の病気が癒され、もう一度山をかける鹿のように自由に歩ける力を与えてください」など〝願う〟こと。

二つ目は、「私にはわかりません、教えてください」「次はどこへ進めばいいのですか?」など〝尋ねる〟こと。

三つ目は、「いつも私と共にいる、愛する人とめぐり会わせ、気づかせていただいてありがとうございます」など〝感謝する〟こと。

四つ目は、「私はこれから迷うことなく、あなたが示したこの道を歩みます」「私のこの部分を置いてゆきます」。「起こっている一つひとつを丁寧に味わって生きます」など〝公約をする〟こと。

あるがままの自分の内側から心をこめて祈るとき、大切な人を本当に想うとき、深く自分とつながると、おのずと涙はあふれてくる。

だからラコタの人たちは儀式について語るとき、「泣く」という言葉を頻繁に使う。ハンブレチア（ビジョンクエスト）は、「夢を求めて泣く」という意味だし、「君のために祈るよ」というとき、彼らは「I cry for you」と言う。

彼らにとって「泣く」という行為は、祈りそのものなのだ。

ラコタの兄、ベンジーは言う。

「涙を流すといいんだ。泣いていいんだよ。涙は雨だから、自分という生命の木を育てるんだ」

悲しかったり、つらかったり、感動したとき、人は泣く。小さい子にはそれが自然にできるが、人目を気にするようになると泣けなくなる。おとなになる過程で、どこでそんな抑止力が働くようになるのか、そのうち自然に泣く感じが、わからなくなる。

日本では「男のクセに泣くな」と子どものころから言われるし、女の子だって「涙は女の武器」と卑怯な道具のように言われてきた。誰もが、人前で泣くのはダメなことだと思い込んでいるふしがある。

自分自身、泣けるようになって成長したと思うぼくは、「泣くことにもっと市民権を」と願う。

たしかにその場をしのぐための涙はある。「泣いたら自分にとって都合がいいように思ってくれるだろう」と、頭で考えて流す涙。相手があって初めて成立する涙。簡単に言えばウソ泣きだ。

自分の魂とつながった**エモーショナルな涙は主体的だが、人の目を意識して泣く涙は客体的な涙だ。**誰かを自分の都合にいいようにコントロールしようとする涙だ。

ただ、人には泣きたくても、何かにブロックされたみたいに泣けないときがある。極度の緊張の中や、抑圧してきた感情が深すぎるとき、泣ければきっとラクになれるのに、なかなか泣けない。

だから人前で泣けるとちょっと安心だ。泣くことで感情を解放すると、自分の魂の深いところとつながることができる。泣ける映画や泣ける歌が流行するのも、あるがままの自分でいたいという表れだと思う。

ラコタの人たちは、涙と同じように笑いも大事にしている。

ラコタのメディスンマンやスピリチュアル・リーダーは、笑うことにも泣くことにも精通している。儀式のときにはヘヨカを演じ、シリアスな儀式でも笑いが絶えない場になる。

ラコタばかりではない。日本の神事でも、笑いや艶話《つやばなし》はつきものだ。豊穣《ほうじょう》の祭では特に、裸で踊ったり、エッチな話で人を笑わせたりする場面が多い。

人は、笑った次の瞬間には泣いていたりする。笑うと心がパッと解放されるから、涙も自然と出やすくなるのだろう。

笑うことも、泣くことも、魂を自由にさせるとてもスピリチュアルなことだとラコタの人から教わった。

ふだんぼくらは、自分を守るためにたくさん防御するものを身にまとっている。

涙と笑いはそれらのヨロイを吹き飛ばしてしまうのだ。

せっかくの親切も「受け取り上手」でないと損をする

人の心の中に、プラスのコインとマイナスのコインが入る財布があると、想像してみてほしい。

そこにいるみんながお互いのことを受け入れ、大事にしようという空気が流れているところにいると、誰かれとなくプラスのコインをもらうことができる。

子どもであれば、みんなにふれてもらえるし、関西人なら「クソガキやなあ」などと言われながらいじってもらえるし、自分も相手をいじることができる。嬉しい気持ちでそこにいるだけで、知らない間にプラスのコインがどんどん入ってくる。存在をそのまま認められている感覚があるからだ。

実は、こういう場では、**話されている内容そのものはあまり大事じゃない。会話のキャッチボールをしていることが大事**で、そのキャッチボールが続いている感じが大切なのだ。

特に関西人は、ボケたらツッコんでくれるか、それにノッてくれるかを前提にして誰かにボールを投げているので、せっかくボケているのに、「そうなんだぁ」なんて変に受け入れられるとちょっと寂しい気持ちになる。

関西人が誰かをいじっていると、そのキツさから、よそから来た人からは「かわいそうだよ」と言われてしまうことがよくあるが、ぼくらはそれをしながら「これくらい言ってもオレらの絆は切れることないよね」と確認しているのだ。

ラコタの居留区にいるときも、関西のノリに近いコミュニケーション文化を感じる。

ラコタの人も、よく相手をからかうし、思わず「何でやねん」と言いたくなるような話の流れを作る。そのやりとりをしていることが嬉しくて安心なのだ。

「楽しい」という感情は、今起きている出来事に伴うものだが、「嬉しい」や「安心」の感覚は、その人の存在に関わっている。

本気で話したときに相手が心から共感してくれると本当に嬉しいし、そこには安心がある。大きなプラスのコインが自分の中に入ってくる。

しかし、人に話を聴いてもらえなかったり、聴き流されたり、受けとめてもらえなかったりするときは、マイナスのコインが入ってくる。

結局、人は、胸の財布に貯まったコインを出して、買い物をするしかないのだと思う。

マイナスのコインがたくさん貯まっている人はマイナスをたくさん使うし、結果マイナスの出来事を買ってしまう。

プラスのコインを持っている人はプラスを使う。ごく自然にそうなっていく。

だから、小さいころからプラスのコインを貯金しておくことはとても大事なのだ。

親が子どもの心の中に、未来のためにどれだけプラスを預け入れておけるのかは大きい。やさしくしてもらった人は相手にやさしくできるし、甘えてきた人は甘えさせてあげることができる。

だが、いつも「○○できる君はすごいね」「○○しているあなたのことが好きよ」という条件つきのコインだと、それが達成したときにだけプラスのコインが与えられる。

一方、支配に屈して客体的に生きていると、「どうしてこんなこともできないの！」「○○できない子は嫌いよ」と、マイナスのコインを投げて誰かを支配する人生になる。

マイナスの受けとりグセがついている人は、せっかくプラスをもらってもマイナスに変換してしまう。また、不安や恐れに敏感なので、いつもおびえていて、その後も誰かの支配下にいつもおさまるようになる。

連鎖をどこかで断ち切らないと、特に親子の間では、祖母から母、母から娘、娘から孫へと、支配が永遠に続くネバーエンディングストーリーとなる。特に長女は、そうなりやすい。

「悲しいよー。寂しいよー。ママ、もっと私を見て」

本当はそう言いたいのに、「○○ちゃんはお姉ちゃんでしょ⁉」と言われ、いいお姉ちゃんになることをママが望んでいることがわかると、甘えの感情はじゃまだから、できるだけ感じないよう深いところに押し込んでしまって、いい子の仮面をかぶりながら、寂しさや怒りをのみ込んで成長するのだ。そしてあるがままの感情が満たされない出来事が積み重なると、抑圧された怒りや恨みが暴れ出す。

親子関係で傷ついた人は、小さいころからのマイナス貯金が貯まりに貯まっている。

その傷を癒すには、親以外の人からプラスの行動や反応や言葉をいっぱい投げ入れてもらうことだ。あふれるほどプラスのコインが入って、ようやく立ち直っていくことができる。マイナスのコインを手ばなして心にすき間を作ることも必要だ。

あるとき言われたことがある。

それは、ワークショップに関する仕事をする人たちが何百人も参加したイベントだった。

「ワークショップって、ぬるま湯みたいなものになりがちですよね。不安になったら何度でもリピートする。まるで温泉みたいですよね。松木さんのところはリピート率が高いですよね。それでいいんですかね？」

その人は、多少シニカルな口調で言った。そこでぼくは答えた。

「みなさん温泉ってどれくらい入りますか？　1年に何度か入りませんか。人生に温泉は必要でしょう？　ぼく、喜んで温泉になりますよ。ほんまは老舗の温泉になりたいんですわ！」

質問した人は、「たびたびワークショップに通うのは、いかがなものか」と言いたかったようだ。ワークショップは、「卒業しなければ効果があったとは言えない」と考えているんだろう。

だが、ぼくの考えは少し違う。本気でワークショップに参加してくれた人はみな、家族のようなものだと思っている。口には出さなかったが、心の中ではこう思っていた。

「家族の中には一人や二人できの悪いのがいまっしゃろ！　ちょっとそのころしんどかってっていうときありまっしゃろ？　家族なら、その子が悪かったとしても、絆のロープ握って離したりしまへんやろ。ましてそれが、自分の子やったら何があっても最後まで面倒を見まっしゃろ！」

誰かが頼ってくるなら、決して見捨てることはない。

ぼくからプラスのコインが欲しいなら、コインがなくなるまであげたいし、ぼくの貯金がなくなったら今度はぼくが誰か大切な人からもらう。

実際、人の成長はすぐに測れるものではないと思っている。


コインを投入してくれるのは「人」という存在だけではない。

ぼくは毎年夏になるとサウスダコタのインディアン居留区に滞在するが、その間自分のための「ビジョンクエスト」を行っている。聖なる山、ベアビュートで飲まず食わず一人きりの祈りの時間をもつのだ。

ラコタの人は、「サンダンスとビジョンクエストは、最もタフなセレモニーだ」というが、日本に帰るとよく言われる。

「松木さん、何かつきものがとれて、チャージしてきたみたいですね」

決して「疲れていますね」とは言われない。

サウスダコタで雨に打たれて泣きながら祈ったとき、いらないものが全部流れだしたからだ。

その後に見る、大地からまっすぐ立ちあがる太い虹は、確かに7色だとハッキリわかる。それは、言葉では語りつくせぬほど美しい創造主のギフトだ。**ひとりきりの時間は対人関係にエネルギーを使うこともない。**

ラコタの人たちは、ビジョンクエストのスポットは、母なる大地と自分がヘソの緒でつながっている場所だと言う。

セレモニー中は、大地の母の胎盤を通していっぱいエネルギーが注がれている。

ときには人里離れた場所に引きこもるのも、いいことだとぼくは思う。

「挨拶」で人はこんなに救われる

人を一番悲しくさせ、傷つけるのは、自分の存在が大事にされていないと感じることだ。

社会の中で起きているさまざまなクレームは、結局のところ「自分をないがしろにされた」という感情が化けたものだ。

だから、クレーム処理のポイントは、起こった事実について、その場をしのぐために詫びるのではなく、相手がどんな悲しみをもっているのかを寄り添って聴くことだ。その傷ついた感情に共感を示しながら詫びなければ、収まりがつかない。

大事にされていない悲しみや寂しさを感じたとき、人はとても傷つく。その感情がいくつも重なると、ある瞬間、爆発的な怒りに変わることがある。

こんな話を聴いた。

ある工場で、従業員の欠勤やミスが目立つ状態が続いていた。相談を受けたカウンセラーは、工場のリーダーにアドバイスした。

「従業員のみんなに挨拶をしてみてください」

翌日から工場の各班長は、出勤してきた班員に声をかけ始める。目を見て「おはよう」と声をかけ、仕事が終わって帰るときには「明日もよろしくね」と話しかける。たったそれだけのこと。だが、それだけで劇的に欠勤やミスが減ったという。

大事にされること、自分の存在がカウントされていると感じることは、それほど人の心に大きな影響を与えるのだ。挨拶に加えて名前まで呼ぶことができたら、職場の雰囲気はもうワンランク上がる。

「○○さん、おはよう」

「今日は元気そうやなあ」

「お、髪型変えた?」

それぞれの人に声をかけると、社員のモチベーションはより上がる。いつの間にか社員同士の会話が増え、空気も変わるだろう。この声かけは、「あるがままのあなたを大事にしている」ということに他ならない。

だが実際は、世にいう一流企業であっても、社内の人とあまり挨拶もせず、直接の対話をすることがあまりない会社が多いという。しんとした静かなフロアに入り、黙って席に着く。大半の時間はパソコンと向き合っている。隣の人ともメールで会話する。互いの存在を認め合い、気持ちのよい関係性を体感したことがないから、自ら動いて積極的に関わっていくこともあまりない。

もしかすると社長が「挨拶をしなさい。挨拶をしない者は減給対象にする」と決めたら、全社をあげて積極的に挨拶運動が始まるかもしれない。やたら声が大きくて明るい、気持ちの悪い挨拶になると想像がつく。だが、それはトップによる社員のコントロールだ。

中学校や高校の生徒指導も同じだ。学校では、社会に出たとき良き市民として生きていけるよう、社会の基本ルールを守るという名目で校則がある。そこには、「これがこの学校の正しい態度だ」ということが書かれている。

生徒指導の先生を中心に、早朝から校門に立って頭髪や服装のチェックが入る。そこでひっかかったルールを守らない生徒は、それ相応の罰を受ける。

学年集会や全校集会のときは、先生が常にハンドマイクを握っている。

「ハイ、静かにしろー。いつまでも話しとったら始められないぞ。まだ声がするなあ、何べんも言わせるな！」

怖い先生が出てきて叱られると静かになる。叱らない先生が前に立つときは、生徒は無視しておしゃべりを続ける。見かねた先生が一喝すると、その瞬間は静かになる。生徒は、主体的に自分の態度を選択しているわけではない。叱られるという恐れでコントロールされているだけだ。

大勢の生徒たちを教師の都合で管理するにはラクな方法かもしれないが、果たしてこれが本当に良き市民を育むあり方として最善の方法だろうか。

叱られないように、罰を受けないように、その場で力をもった者の都合に合うよう振舞うことが、社会のよき一員となる健全な姿だろうか。

もし、教師と生徒の間に信頼関係が築かれていたら、支配するための道具＝ハンドマイクも必要ないかもしれない。

ハンドマイクは、一方の声を大にする道具で、一方的に声を通す道具だ。もし教師が、生徒たちの反応を大切にしたり、一人ひとりに寄り添って話を聴くことがふだんからできていて、生徒も自分たちが大切にされていると感じていたら、前に立つ教師を大切にしようとするだろう。

生徒一人ひとりが主体的に教師の話に耳を傾け、結果的には場が静かになり、ハンドマイクで怒鳴る必要もなくなるだろう。

それができない人は、社会人になっても自分より立場が上の人に罰せられないよう、叱られないよう、上司の支配の中で社会人生活を続けることになる。

そんなところからは自由な発想は生まれないし、社内で起きている現状を自分のこととして受けとり、主体的に会社をいい方向に変えていこうとするモチベーションが生まれることもない。

あるがままの自分が存在することがゆるされず、コントロールされた人間関係の息苦しさに耐えかねた人は、会社や学校をやめていくことになる。

「どうせ自分なんか」

「どうせここにいても仕方ない」

とあきらめ、自分をディスカウントするクセがついていく。

そういう意味では、小・中・高の学校で起きていることも、企業で起きていることも、そう大きくは変わらない。

目に見える現象は違っても、突き詰めていけばみな同じことで苦しんでいる。

だからこそ**一人ひとりをあるがまま認めることや、たとえ消極的であっても主体性を持って行動できる人を、意識して育ててゆく必要があると思う。**

「自分の言葉」に責任をもつ

最近の子どもたちは、拒否する言葉を他のどんな種類の言葉より早く獲得しているように思う。

「ムリ、ムリ、ムリ」

「意味わからんし」

「きもっ」「死ねっ」「めんどくさい」

子どもは、自分をとりまくまわりの世界から情報をとり入れ、言葉を覚えてゆく。とりわけそばにいるおとなが、どんなシチュエーションで言葉を使うのか、どんな結果を生み出すのか、質感を伴って理解しながらとり込まれる。自分の期待する結果が得られる都合のいい言葉はくり返し使われ、その子の言葉となってゆく。

人がどんな言葉に囲まれているかは、とても意味深い。言葉にはそれぞれ意味が乗っているからだ。「ムリ」と言うたびに人は、何かを遠ざけたり、真実から目を背けたり、向き合うことから遠ざかったりする。

つまり、子どもたちは「ムリ」という言葉を獲得したことによって、そのようなモデルまで吸収してしまうのだ。

ぼくが子どものころは、「ムリ、できない」と言おうものなら間髪入れずおとなたちに叱られた。

「ムリなわけないだろ！　がんばりなさい。やればできる」

だからぼく自身は、「ムリ」という言葉を今もほとんど使わない。

英語圏に住む人たちは「Ｙｅｓ」「Ｎｏ」がはっきりしているし、その反応も早い。

アメリカで初めて仕事をしはじめたころ、頼みごとをするとすかさず「Ｎｏ！」と返ってきて、ちょっと「カチン！」ときたのを覚えている。セネガルから留学で来ていたルームメイトと、「アメリカ人は冷たい！」と言って、二人でよくグチをこぼしていた。

だが、インディアン居留区に住み始めたときまず感じたのは、**ラコタの人たちは、頼みごとをすると、「ん～」と、吟味する時間がとても長いということだった。**そのとき受けとめてもらえている温かさを、同じアメリカで初めて感じた。

「Ｙｅｓ」「Ｎｏ」「白黒」がハッキリした英語で生きてきた人と、少しあいまいでじっくり受けとめるラコタ語で生きてきた人は違うのだと、感覚的に思った。

ぼくが子どものころの日本は、敗戦からなんとかしようとがんばってきたおとなたちがたくさんいた。そんな人たちに育てられたので、どんなことでも基本は「Ｙｅｓ」だ。どんなことでも「やるよ」「できるよ」と思っている。

最初はムリかなと感じることでも、取り組んでがんばってみると案外乗り越えられることが多いのを体験的に知っているし、ぼくの辞書には「不可能」の字はないと思っている。

高度経済成長期からバブル期までの間は、がんばればそれなりの成果が上げられた時代だ。だから「がんばる」「がまんする」「努力する」「コツコツやる」、どれもが美しい言葉だった。

しかし、バブル崩壊以降はどれだけがんばっても期待している結果には結びつかず、ジレンマと心の葛藤が生じている。今までは、目の前にある課題を達成するためにがんばったら、まわりの期待にも応えられていたのに……。

がまんが美徳とされた時代から、がまんしなくてもいい時代に変わり、極端な揺り戻しが来ているのだろうか。

すぐ成果に表れることなら葛藤は生じない。

だが、手続きが多く、段階を踏まなければならないことは、誰かと向き合わなければならないし、自分の葛藤や不安にも向き合わなければならない。

そんなときこそ「面倒くさい」と言って終わらせてしまわず、まるで山に一緒に登ってくれるかのように共にいて、言葉をかけてくれる人が必要だ。ひと足先に山に登って、山登りの魅力を知っている人がいい。

自分が自分の人生を丁寧に生きるために、なにげなく使っている言葉に今より少し責任をもつ。本当に自分の内側にある感じと言葉が乖離《かいり》しないように丁寧に話すことを心がけることをおすすめしたい。

初めてスウェットロッジに入ったとき、「言葉は力だ」とアンクル・ロイから教わった。

「あなたの使う言葉が、あなたの人生の物語をつくり出す。世界をつくり出す。あなたは物語の主人公で、言葉は魔法だ」

STEP

5

本当の「誇り」と「自信」を手にする

「物の扱い」は「友人の扱い」

「松木さんたち、物もちがいいですね」

キャンプ終了後、備品をパッキングしているぼくらの姿を見ながら、参加者の人たちが言った。

普通の人なら使い捨てにしてしまう白いナイロンのロープを、長さによって分け、一本一本束ねて収納する様子を見てそう言われたのだ。このロープは、原形をとどめなくなるほど使って、応援合戦で使うポンポンのようにバラバラになって初めて処分する。もう5年以上、くり返し使っているだろう。綿のロープに至っては、おそらくほとんどの物が40年以上使っており、いまだ現役バリバリだ。**物も人と同じで一度関わったら大切にメンテナンスして使ってあげたい。関わり続けていたい。**

ぼくが物を大切にしたいと思う気持ちは「もったいない」という自分主体の気持ちではない。ちょっと変に思われるかもしれないが、物にも生命というか、人格に近いものを感じているのだ。

たとえば以前乗っていた車は、37万キロを共に走った。引きとってもらう前にはきれいに洗って、掃除機をかけながら「ありがとうなぁ」と声をかけたら涙が出てきた。

家電量販店ではこんなことがあった。

2年前にそこで買ったCDプレーヤーがまったく動かなくなった。修理に出すと店員が「お客さん、これいくらで買われました?」ときいてくる。5千円くらいだと答えると彼は言った。

「修理したらこれ6~7千円かかってしまいます。新しいのを買ったほうが安くつきますよ。結局バラさんとあかんし、直るかどうかもわかりませんし……」

すかさずぼくは言った。

「いくらかかっても、何日かかっても直してください。おたく、自分で直せないもん売ってますのんか?　いくらかかっても直してほしいと思う人間がおることもわかっといてな。それから、必ずこのことを会社に意見としてあげといてな」

ぼくの祖父は、街の電気屋だった。

小さいころ、おじいちゃんのところには、次から次へと修理の必要な品を抱えてお客さんが来ていた。ぼくは店の片すみで、おじいちゃんが色々な部品をもち出して、一つずつ丁寧に直してゆく姿を見ていた。そんなおじいちゃんの姿に誇りすら感じていたと思う。

もちろん今の電化製品と、昔の物は違うし、今の物は直しにくいこともよくわかっている。ただ、おじいちゃんが大切に物と向き合っている姿と、うちのＣＤプレーヤーが価値のないもののように扱われるギャップが、たまらなくいやだった。

サンダンスを行うとき、インディアン居留区では木製のアーバーと呼ばれる日よけを設営する。そのために釘を使うのだが、よく見ると彼らは毎年同じ釘を使い続けている。曲った釘をハンマーで一本一本直しながら、長く使う。**物に対しても人と同様大切に向き合っているシーンが、ぼくの心に焼きついているのだ。**

物があふれ、経済が発展しすぎた今の時代は、どんどん新しい物を買わなければ経済も円滑にまわらないのかもしれないが、これでは物と関わる責任感が育たない。

最近の子どもたちが、物を大切に扱わない姿を目のあたりにすると、悲しくなる。

たとえば、ワークショップなどで使う発泡スチロール製の小さな座蒲団マットがある。縁に凸凹がついて、はめ合わせていくと大きなマットになるものだ。子どもたちに一枚ずつ渡して使わせると、数時間後にはボロボロになって返ってくることが何度もあった。

彼らの中に悪いことをしたという意識はない。物を大切にすることを知らないのだ。一枚一枚は値段の安いものだが、値段の問題ではない。いや、彼らにとっては、値段の価値が、物と向き合うときの価値なのかもしれない。ともかく、物に対する扱いが荒っぽい。

ぼくは日ごろ、そんなに口うるさいほうではないが、たとえば、トイレのサンダルや部屋に入るときに自分の靴をそろえてから入ることなど、「こうしたほうが気持ちいいよね」という方法を示し、規律として伝えている。

子どもには、人としてのしつけ（守らないといけないことを言ってきかせる）と、集団でいるときの規範（体験を通して自分で気づいた関わり方、あり方）を、しっかり学ばせたいと思う。座蒲団マットだって、きれいに使ってきれいに返したほうが気持ちいいに決まっている。

物を乱雑に扱っているときのその人は、人間関係に対してもどこか粗雑だ。

今、欲しいから、必要だからと買っては捨てることに躊躇がない人は、自分本位で、人のつながりの中にいる感覚が乏しい。人間関係まで合理性で考えてしまう気がする。

そもそも人との関わりは合理的なものではない。そういう人は、**寄り添って話を聴くことに時間をたくさん使うのは、ムダだと思うようだ。**それよりも、助言できることをハッキリ伝える方が有益だと考えている。

だがじつは**無駄話や、話している時間そのものの中に、大切なことがたくさん詰まっている。**

ラコタの人たちは、「スターキルト」というキルティングの布を、たいてい一人一枚もっている。

生まれたときにティオシパイェの誰かが協力して縫ってくれるもので、明けの明星（金星）をモチーフにしたパッチワークがほどこされている。色や模様もそれぞれに違う美しいキルトだ。

明けの明星は、夜の星々が消えてゆく寸前の夜明け前、東の地平からひときわ明るく顔を出す金星で、再生を予感させる星だ。

スターキルトは、人生の節目節目に深く関わっていく。生まれたときにはおくるみに、少し大きくなると冷え込む夜の羽織りものになる。儀式のときにもこれをまとって夜を過ごす。若い男女はこの中で対話し、結婚式もキルトに包まれ祈りのパイプを二人でにぎりしめておこなわれる。そして人生の最後もこのキルトで体を包んでもらってスピリットワールドへ旅立ってゆく。

狩猟をしながら移動を繰り返してきたラコタの人たちは、**物をたくさん所有することへ**

の執着はないが、聖なるパイプとキルトだけは、人生の旅の上で大切に持ち続ける。

縁あって出合った物を大事に長く使うことのできる人は、縁あって出会った人との関係も大事にできる人だ。子どもたちやラコタの仲間を見ていて、最近特にそう思う。

「心の窓」を開くと強くなる

「ジョハリの窓」を知っているだろうか。

自分と他者とが関わり合っているときの状態を四つの窓を使って表したもので、1955年にアメリカの心理学者ジョセフ・ルフトとハリー・インガムが共同で考案した人間関係についての考え方だ。二人の名前をとって「ジョハリの窓」と呼ばれ、人間関係における個人と集団の成長モデルと言われている。

この考え方は、自分を横軸にとり、他者を縦軸において正方形の枠で囲み、私と他者との関係をみてゆくものだ。

横軸は自分に関することで、自分自身の「知っている部分」と「知らない部分」を表し

ている。自分の行動やとっている態度、考え方やそのときの気持ち、どんなふうにモチベーションが動いたり、どんな欲求をもっているか。自分でも知っている部分と知らない部分がある。

縦軸は、私について「他者から知られている部分」と「他者から知られていない部分」を表している。自分と他者との関わりの状態が、四つの窓で表現される。

左上の窓（a）は、私が自分についてわかっているし、他者もわかっていることを示す領域だ。

「私っていつもこんなふうに行動する」

「そうそう、君ってそういうところあるね」

自分も他者も認めているオープンな自己、「開放された窓」だ。このような自分に対しては、抑圧する必要がなく、とてもラクで開放されている。多くの人はこの「開放された窓」の中で他者と出会っている。

右上の窓（b）は、私はわかっていないが、他者からは知られている自分の盲点。つまり「気づいていない窓」だ。

「こんな言い方してるよ」

「えっ、私ってそんなことしてた？」

他人はわかっているけれど、自分では気づいていない部分である。

左下の窓（c）は、私は「そのときこんな気持ちでいた」とわかっているのに、他者には知られていない部分。つまり本当は隠していたいと思っていることや、隠そうとしているわけではないが、出すタイミングがなくて隠れている部分だ。

人はいつも開けっ広げなわけではないから、誰の中にもオープンになっていない部分はある。これを「隠している窓」と呼ぶ。

右下（d）は、私もわかっていなくて、他者にも知られていない部分。つまり誰も気づいていない「未知の窓」だ。ここには、誰も気づいていない自分の才能や可能性、知らない間にフタをしてしまった感情などが眠っている。

これら四つの窓を持ちながら、人は人と関わっている。そのときの環境や場所によって、誰といるかによって、自分が人に見せている部分は少しずつ変わる。どれだけ安心できる相手かによっても変わってくる。

人は多くの場合、(a)の部分で人と出会う。左上の開放域が広くなればなるほど自分と相手との関係性は深くなる。少しずつこの面積を広げていくと、互いの安心感や信頼感が大きくなっていくし、自分もラクになる。この窓を広げていく働きの一つがフィードバックだ。

「○○ちゃん、今、何度もこんなことしていたよ」

「そのことで私はこんな気持ちになっていたんだよ」

他者に教えてもらうことを、フィードバックすると言う。自分の知らない自分についは、なかなか素直に受け入れにくい。フィードバックはあくまでも、フィードバックしてくれる相手の感じ方で、その人主体で語るものだ。だからそれを受け入れるかどうかは、自分自身にまかされている。

自分が、「そうか、君にこんなことをしていたんだね」とフィードバックを受け入れたとき、その部分については自分と相手が共有できたので、開放された窓の一部となる。フィードバックした相手も、そのときの感情をオープンにするので、自己開示したことになり、相手にとっても開放された窓の一部となる。こうして互いの信頼が大きくなる。

自分がとった行動がどんなふうに影響を与えたのか、相手が自分を主体にして話してくれると、フィードバックは受け取りやすい。フィードバックとは「feed」と「back」。語源となっているのは、親鳥がひな鳥に餌をやる行為だ。

親鳥が外で虫を取ってくる。巣の中ではひな鳥が口を開いて待っている。戻って来た親鳥は嚙みくだいた餌を食べさせる。

「ママ、この餌、大きすぎて食べられないよ」

ひな鳥が親鳥に返す。チュチュチュ、嚙みくだいてまた親鳥はひな鳥に渡す。とても愛情に満ちたやりとりだ。相手を傷つけようとか、ぎゃふんといわせようなどという感情など入る余地もない、互いにとって意味のある、信頼に満ちた関係性を指す。

一方「隠している窓」は、相手からの心地いい反応など、何か働きかけがないと開きにくい。なぜなら、隠された窓と開放された窓の境界線は、安全域と冒険域の中間で、そこにはモンスター（不安や恐れの感覚）がいるからだ。同様に、気づいていない窓と開放された窓の境界線にもモンスターがいる。「こんなこと言ってもいいのかな？」という不安がそれだ。

境界線をこえ、窓を開いたらどう思われるか。ここまで本音を言ったらどう思われるか。それでも、「きっと、自分を丸ごと受け止めてくれる」と安心できると、開放してみたいという冒険心が湧き上がる。少しずつ開いて見せると、周囲がまた反応してくれるだろう。

「へえ、そんなこと考えてたんだね」

フィードバックしてもらうと、本人はさらに自己開示しやすくなる。相手に受け止めてもらえる状況ができると、変われるのだ。

「迷った末に言ってみたら、相手の反応がやさしかった」

「この人だったら、喋っても大丈夫だと思った」

そう思えると、自己開示はどんどん進む。最初は少し勇気がいるけれど、相手の温かさややさしさの中で、安心して自分を語れるようになる。

「私、こう思ってたんだ」

「こんなふうに傷ついてきたんだ」

そして「隠している窓」と「気づいていない窓」が開くと、副産物として「未知の窓」が開く。これは、気づきのレベルがより大きいので「発見」という。

「あ、そうだったのか!」

長年抑圧されてロックされていたものがパーンと開く。それは感情だったり、記憶だったり、可能性や能力だったり、いろいろな意味で宝物と言っていいものだ。自分でもまったく知らなかった自分を発見する。それはたとえばこういうことだ。

定年間近のお父さんがいた。仕事をやめたら時間もできるし、息子の画材があったので絵でもやってみるかと考えた。定年後さっそく描き始めたら、奥さんが絵を見て言った。

「いいじゃない。その絵、玄関に置いてみたら？」

お父さんは気分がよくなって玄関に飾った（開示）。来客のたびに、絵の話題になる。

「いい絵だねえ。どうしたの？」

「ぼくが描いたんですよ」

「すごいなあ。何か癒されますねえ」

「いや、それほどでも」

お父さんはフィードバックをもらいながら、どんどん絵を描くようになる。そうして気づく。

「そうだった。どこかで諦めて忘れてしまっていたけれど、ぼくは小さいころから絵が好きだったんだ」

長年すっかり忘れていたことを発見する。

これらは、人との対話やコミュニケーションなくしては開かれないものだ。

心の窓を開くことは、一人ではできない。相互の関係性の中で開いていく。だから人と関わることを恐れてはいけない。

勇気を持って自分を開けば、必ず大切なレスポンスを返してくれる人がいる。「この人なら大丈夫」と思える相手に、まずは少しでいい。自分を開いてみよう。

一人きりの時間が教えてくれること

ラコタの聖なる七つの儀式のひとつに、「ビジョンクエスト」がある。ラコタの言葉では、「ハンブレチア」という。ハンブレは夢、チアは泣く。つまり、夢を求めて泣くという儀式である。

ビジョンクエストを行う理由は、「なぜ自分がこの世に生まれてきたのか」という魂の目的を知ることにある。そのビジョンを求め、山に上がって一人きり飲まず食わずで1～4晩を過ごす。

幾晩行うかは自分次第だ。昔のラコタの人たちは、みな4日4晩行っていた。

この20年近く、ぼくは毎年のように真夏のサウスダコタでビジョンクエストを行ってきた。そのたびに新たな自分を発見するような気持ちになる。今では、ぼくの1年はビジョンクエストを中心に回っていると言ってもいい。ふだん大勢の中で暮らしているからこそ、この一人の時間は貴重なものとなる。

サウスダコタ州の西に広がる、ブラックヒルズ。東西に100キロメートル、南北160キロメートルにわたる広大な山地は、古くからインディアンの聖地だ。金鉱をめぐって、白人との間に激しい戦いが繰り広げられた、悲しい歴史を持つ土地でもある。

このブラックヒルズの端に、ビジョンクエストの舞台となる山、ベアビュートがある。

19世紀末、アメリカ全土で行われた白人同化政策によって、インディアン固有の文化を失ってしまった部族がいくつもあった。「白人らしくなるように」と強制的な教育が行われたためだ。

そんな状況下であっても、ラコタの人たちは険峻《けんしゅん》な山々の陰に隠れ、伝統的なセレモニーを続けてきた。そして守って来た儀式の手法と精神を、他の部族に伝え直したのが60年代の公民権運動のころだ。

当時はベトナム戦争があり、「人が人らしく生きるとはどういうことか」を、世の中が考え始めたときだった。アメリカ国内にはヒッピーがあふれ、インディアンの文化を学ぼうという白人も少なからず現れた。長髪や三つ編みなど、インディアンを意識したスタイルが流行し、ビジョンクエストやサンダンスが復活した。このような歴史をくぐり抜け、彼らの今がある。

ビジョンクエストで山に上がると、祈るための結界を張る。四隅にチョークチェリーの木を立て、これら4本の木の間に祈りを込めたタバコタイズと呼ばれる供えものを結んだタコ糸をはりめぐらせ、結界ができあがる。

地面にはセージを敷き詰める。セージとは平原に群生する西洋ヨモギで、インディアンの儀式になくてはならぬ植物だ。ふだんはこれに火をつけて煙を出し、場を浄化するために使う。日本でいえばお線香のようなものだ。

結界の前方中央には祭壇をしつらえる。ふたまたの木を立て、そこにイーグルの羽を結びつけ、赤い毛氈《もうせん》を敷き、木の器を置いてワスナと呼ばれるバッファローの干し肉を供えものとして入れる。最後は祭壇の前に、雷避けのためのナイフを突き刺す。ベアビュートは平原にある山。雷雨がくると濡れた体に雷が落ちてこないとは限らない。そのため、避雷針がわりにナイフを使う。

以上が、ビジョンクエストの結界のしつらえだ。用を足すとき以外はこの結界の内にこもり、祈り続ける。

夜の山は、さえぎるもののない星空が広がる。まるで宇宙空間で、無数の星が自分を取り巻いているようだ。ワイルドな自然の中に立つ山なので、動物もたくさんいる。ガラガラへビが目の前を横切っていくのはよくあることだし、すぐ傍でマウンテンライオンがシカを狩っているところを見たという人もいる。だが結界というのは不思議に守られた場所で、動物がその中に入って来たという話はほとんど聴かない。

動物たちは匂いや存在に敏感だが、彼らも何かを感じているから近寄って来ないのだろう。信じられないほどの美しさと、危険とが隣り合わせの中で、ビジョンクエストは行われる。

陽が落ちて、あたりが暗くなる夜の9時ごろ、スウェットロッジ・セレモニーが始まる。ビジョンクエストは、必ずスウェットロッジで祈り、体を清めてから山に上がるのだ。ロッジの外に出たら、そこからはもう喋ることができない。スピリット（精霊）との対話の時間だ。腰巻ひとつを身につけ、スターキルトをはおり、手には祈るためのパイプを持って山に上がる。

真っ暗で石がごろごろしている岩山を、何人かのクエスター（ビジョンクエストを行う人）とサポーター（クエスターをサポートする人）が葬列を組むように一列に並んで山に登る。それぞれの場所を決めて結界を張ると、クエスターは一人残される。

結界の最後の一辺を閉じる前、サポーターたちが祈りの歌を歌ってくれる。そしてすばやくその場を去る。4晩のビジョンクエストをする場合、5日目の朝までサポーターは迎えに来ない。それまでここで一人きりで過ごすのだ。

自分の使命と出合う

風は、一時も止むことなく吹いている。

吹きさらしの場所なので、風から逃げることはできない。

朝がやって来ると、さえぎるものがないため、乾いた岩山は50度近くになる。日差しがきつく、ただれるほど日焼けする。

夜は、内陸性の気候なので急激に冷えてくる。雷が鳴り、雹《ひょう》まで降ってきたりする。

サウスダコタでは、夏でも雪を乗せた車が走っていることがある。それは雹が溶けて固まったものだ。日中は50度でも、夜は時に0度近くまで下降し、ジェットコースターのような気温差を体験する。

苛酷な気候の変化にさらされていると、体力の消耗が激しく、自分が見ているものが夢なのか現実なのかよくわからなくなる。

飲まず食わずの数日間だが、食べないことは恐くはない。恐ろしいのは、のどの渇きだ。それがピークに達すると平常心ではいられなくなる。

だからこそスピリットを求めて泣くような気持ちになる。ただ祈ることしかできないし、その場で起きることを受け入れるしかない。

夜になると目が冴えてくる。本来、夜は人が眠る時間だ。普通は寝ている間に夢を見るが、クエスト中は目覚めたままビジョンを見、何かを聴き、スピリットを感じている。夜はとても神聖でスピリチュアルな時間だ。ビジョンクエストをしているときは、日中は寝て夜は祈ることが中心となる。

いつも3日目を過ぎるあたりから、相当な忍耐力が必要になってくる。サンダンスと同じように、自分を捧げものにする感覚が生まれる。

今までぼくが経験した中で、特に印象的なビジョンクエストがいくつかある。

その一つは、サンダンスに参加して4年目に当たる年のことだ。そのときのサウスダコタは記録的猛暑で、サンダンスに先駆けて行われるビジョンクエストも強烈な暑さだった。それでもぼくは結界で4晩過ごすことを決意した。

3日目の朝にはもう、暑くて気を失いかけていた。水が飲めないため、体が渇きすぎて喉がしまってくる。唾液も尽き、気管がカラカラになって窒息寸前だ。精神的にもパニックを起こしそうになっていた。意識が遠のく感じとパニックのはざまで、すがる思いで祈っていた。

「大いなるものよ、憐れんでください。助けてください」

いよいよもうダメかもしれない。このままでは死んでしまうかもしれない、という状況の中で考える。

「雷にきてもらうしかない」

その年は、雷鳴をほとんど聴かなかった。

雨が降ってもチョロチョロと気休め程度であっという間に蒸発していく。ぼくは体中から水分を吸いこみたいくらいに水を欲していた。

雷のスピリットは西にいるという。西に向かって力の限り、ラコタの雷の歌を歌った。声にならない声で歌った。もう力尽きてもいいと思った。

すると、どうしたことだろう。5分もたたないうちに、みるみる空が曇り、雷さまがやって来た。バタバタバタッと大粒の雨が降ってくる。

「来た、来た、来た、来た――」

全身に雨を浴びながら、ぼくは生き返るのを感じた。嬉しくて涙があふれてくる。自分の祈りが本当に聴き入れられたのだと思った。そのとき、はっきりと声が聴こえた。

「Make my shoes.――靴を作れ」

雷のスピリットが耳元でささやいた。他にも何か聴こえた気がしたが、意味がよくわからなかった。

だが、靴を作れと言われても、結界の中ではどうすることもできない。そこで、周囲に転がっている石を拾い集め、雷さま用の大きなモカシン（一枚の革でできているインディアンの靴）の形を作り、感謝の気持ちをこめて祈った。

このときには靴を作るというビジョンの意味が、わからなかった。

ところが、ビジョンクエストを終えて町に戻ると、クラフト作家であるラコタの友人と出会う。作品がミュージアムに置かれるほど彼の作品は美しく、有名だった。その人は、何の話もしていないのに、会うなりぼくに言った。

「これ、君にあげるよ」

差し出されたのは、見事なビーズ細工のほどこされたモカシンだった。驚いた。

ビジョンクエストをしていたとき、雷は確かに「靴を作れ」といった。そして今、こうしてぼくの元に靴がやって来たのは、単なる偶然ではないだろう。プレゼントされた靴を見ながら、ハッと気づいたことがあった。雷が伝えたかったことがわかったのだ。

それは――。

「靴を作れ。そうすれば、一歩を踏み出せるようになる」

靴は歩くためのものだ。靴を作るということは、大事な一歩を踏み出すということ。目の前に越えられない何かがあって、あと一歩を踏み出せずにいる人が、ぼくらのまわりにはたくさんいる。

その一歩を踏み出すためのセレモニーやプログラム、一歩を踏み出すための手助けが、これからの仕事になっていくだろう。ポンと靴をもらった瞬間、ぼくは直感した。

偶然の一致が起こり始めたら、それはスピリットからのサインだ。

注意を促すその瞬間に起こるプロセスをよくみて感じよう。そのうち意味が心の内側から浮上してくる。

オオカミのように群れで生きる

もう一つの忘れられない体験は、その翌年のことだ。相変わらずサウスダコタはひどい干ばつが続いていた。それでもぼくはまた、4晩のビジョンクエストを行った。

苦しみは、前年と同じパターンで襲って来た。死ぬほどつらい3日間が終わり、太陽が西に傾いて、真横から陽の光が差し込む中で見たビジョンがある。それは白銀の世界だった。

真っ白な雪に覆われた大平原を、1頭のオオカミが走っている。それはアルファウルフ、オスのオオカミで、群れのリーダーだとすぐわかった。

しばらくすると、もう1頭のオオカミが後ろから駆けて来た。アルファウルフよりもずいぶん若いメスのオオカミだ。2頭はパートナーである。

オオカミの群れは、アルファオスとアルファメスのつがいがリーダーだ。群れの中ではこの2頭しか交尾はしない。一番強いものだけが交尾する。それが自然の摂理なのだ。

アルファオスは新雪の中を颯爽《さっそう》と走っているが、ずっと後ろから駆けてきたアルファメスはまだ若く、雪に慣れていない。ときどきズボッと埋もれたりしている。

オスは何度も振り返り、メスを見つめながら前を走っていた。そうしているうち、メスの走りが上達してくる。やがて並んで走れるようになり、2頭は一緒に雪の平原を駆けて行く。

ここでパッと場面が変わって、次に広がったのは新緑の光景だ。雪原が草原に変わり、前方にはやわらかな色の緑の森が見える。アルファオスとアルファメスが並んで走っていると、森の中からたくさんの小さなオオカミたちが現れた。オオカミたちの後ろには、他の動物たちもいる。

「チャンテワシテ！　チャンテワシテ！」

みんなが口々に言う。ラコタ語で「グッドフィーリング」とか「ハッピー」という意味だ。オオカミの大ファミリーに向かって、2頭は駆けて行った。

真夏の炎天下、ぼくはビジョンをはっきりと見た。

このビジョンから受けたインスピレーションは、「大きな家族」ということだった。そして日本に戻って、「リトルウルフキャンプ」という名の、小学3年生から6年生の小さい子どもたちが参加できるキャンプを始めた。

群れと自分を信じて生きる、小さなオオカミたちの小さな冒険。これが、リトルウルフキャンプのコンセプトだ。オオカミの群れが狩りをして獲物を得るように、チームの仲間と関わり合い、力を合わせ、いくつもの課題を乗り越えてゆく。途中で自分の不安や恐れの正体をみるときも、群れの仲間と共有した安心感をもとに、今までとったことのない行動を試してみるという冒険をする。これらのプロセスを通して、自分への信頼（faith）と仲間への信頼を深めていく。一人ひとりが心の冒険をし、不安や恐れを乗り越えることを目的としたキャンプだ。

一般的に捕食動物は、1頭で狩りができるように高度に進化していくことが多い。だが、オオカミが選んだのは「群れ」で生きるということだった。社会性を重んじる小集団を選んだ、数少ない動物の一種だ。

アメリカ先住民がインディアンと呼ばれるずっと以前、人とオオカミは捕食動物として対等な位置にあった。食物連鎖的に見ても、人とオオカミは互いに頂点に立つ存在だ。

そのころ、「2本足のひとびと（人間）」は、火をふく筒も、聖なる犬（馬）も手に入れておらず、「4本足のひとびと（動物）」と同じように、狩りによって生命をつなぐシビアさを共有していた。

2本足のひとびとの狩りでは、次のようなことがくりひろげられた。

偵察部隊が、獲物の足跡を追い、シカやバッファローの群れを発見する。狩人たちはチームを組んで、岩場や毛足の長い草に身をひそめながら距離をつめてゆく。

ほふく前進してじわじわ近づき、矢や槍でしとめられる距離まで来ると、自然にとけ込んだままその時を待つ。しばらくの静寂……。

「ウオーウオー」

突然追い手が奇声を発して、獲物をこちらに引き寄せる。

「ホッカヘイ！（行くぞ！）」

勢いに乗って出て行くと、どこからともなく風のように現れるのがオオカミたちだった。あっという間に獲物はオオカミたちに持っていかれる。

こうなると人間の負けだ。そこで人びとは、オオカミたちがどんな狩りをしているか注意深く見、真似をして学んだ。

ラコタの人たちは「オオカミがいるのは、獲物がいるサインだ」という。だから、オオカミに出会うのは、よきことが起きる前触れだ。

オオカミの狩りにはワタリガラスという仲間がいる。ワタリガラスは神話によく登場するトリックスターだ。

彼らは空から獲物を見つけることはたやすいが、大型の獲物を襲って狩りをすることはできない。そこで、友だちのオオカミに知らせに来る。

「おーい、あっちにおまえたちの大好物がいるぞ。早くしないと行っちまうぞ!」

オオカミは、ワタリガラスの言葉にそそのかされて現場に駆けつける。そして、獲物を追ってプロの仕事をする。

狩りがほぼ終わったところで、ワタリガラスは空から降りてくる。オオカミたちの食べ残しをついばむのだ。オオカミは自分たちの群れだけでなく、他の「ひとびと」と共に生きている。

オオカミの群れ社会の中には、さまざまな役割がある。

アルファオオカミのつがいをリーダーとすると、リーダーをサポートするベータオオカミもいる。集団は、旗をふるリーダーだけではうまくいかない。

「行こう行こう」

「行くんだね。よし行こう」

共感してくれる仲間が必ず必要だ。大きな声で共感を示し、全体の調整役兼番頭となるのが、ベータオオカミである。その他にも、子どもをあやすのが上手なオオカミ、教育担当オオカミなど、1頭1頭がさまざまな「個性」に合わせた役割を担う。

狩りをするときも、それぞれが責任を持って自分の役割を果たす。危険をかえりみず獲物の中に突撃して瞬発性を発揮するオオカミがいる。これによってシカやエルクの群れは方向性を失い、ちりぢりになる。そこに持久力のあるオオカミが狙いをさだめ、1頭を群れから引き離して、どこまでも追ってゆく。獲物が力尽き、あきらめたとき、パワーのあるオオカミがとどめを刺す。

さまざまなオオカミがフォーメーションを変えながら、アイコンタクトだけで動いていく。オオカミには目の動きだけで作戦変更を仲間に伝える能力がある。それほど鋭敏な洞察力と「チームワーク」を持っている。

オオカミの狩りは、やみくもに襲うわけではない。「あいつを狙っていくぞ」という作戦が、群れの中で共有されている。1頭に狙いを定め、持久戦に持ち込んで相手があきらめるまで追い詰めるのだ。

アルファオオカミは、全体を観察し「あのシカはケガしている」「あいつは動きがおかしい」など、個体の動きを見分けている。シカが草をはんだときに残るだ液から、この個体は寄生虫にやられて弱っているなど、個体の体調まで読みとり、ターゲットをしぼり込む。単にリーダーとして威張っているわけではない。

狩りの成功はアルファオオカミにかかっている。つまり、群れの存続はリーダーの頭脳と経験に裏付けされた知恵にかかっているということ。しかも徳がなければリーダーにはなれない。強さと賢さ、あのリーダーと共に行動しようと思う頼もしさを兼ね備えていなければならないのだ。

それでもオオカミの狩りの6割は失敗に終わる。半分以上は獲物を逃がしてしまう。

しかし、そこであきらめはしない。

2日後にもう一度トライする。しかも、同じ群れの中の同じシカを狙う。何度も追われるシカは、ストレスがたまってくる。草食性の動物はストレスに弱い。血圧が上がり始めると、もう走れなくなる。オオカミはそれを知っているのだ。

「もう逃げられない……」

観念したシカは、最後にすべてを明け渡す。あれだけ抵抗したのに、最後はいさぎよく生命を差し出すといった感じだ。

そこまで持久戦を続けて忍耐するのが、オオカミの狩りの方法だ。トライ&エラーを繰り返し、自分と群れとを信じて一つひとつの課題を自分のこととし、責任を持ってとり組んでゆく。生きる力が育まれていくのがオオカミの群れなのだ。

人と本気で感情をやりとりするという「冒険」

リトルウルフキャンプでは、オオカミの持つ「四つの生きるチカラ」に注目した。

- **コミュニケーションするチカラ**
- **個性を尊重するチカラ**
- **チームワークのチカラ**

・忍耐のチカラ

現代に生きるわれわれ人間は、おとな、子どもにかかわらず「ムリ」「めんどうくさい」「あり得ない」などという言葉を連発する。一度失敗すると今度は失敗することを恐れ、結局何もしなくなる。傷つくことが怖くてチャレンジをやめるのだ。

だが、オオカミは決してあきらめない。失敗しても、トライ&エラーをくり返し成功までこぎつける。成功の反対が失敗ではなく、何もしないことだと知っている。

だから成功に向けてひたすら挑戦しつづける。

オオカミほど感情表現が豊かで、それを群れ全体で大切にする動物は他に類をみない。アイコンタクトや体の動きや表情でコミュニケーションし、互いに感情を読みとり、受けとめ、それに反応する。情報を共有する。作戦変更をしたり、感情を伝え合う。悲しいことや嬉しいこと、さまざまな感情はハウリング（遠吠え）を通して共感を示す。だから群れが温かく強いのだ。

リトルウルフキャンプのオープニングは、ぼくが真っ暗な部屋でインディアンに伝わる神話を語ることから始まる。

オオカミのリーダーの孫息子トゥースが、谷深くに棲むマニトウ（モンスター）につかまり、生命を吸い取られ、皮一枚の姿に変えられてしまう。それを風の精霊を父に、人間を母に持つナナブッシュが、復活の歌でよみがえらせる冒険物語だ。

リトルウルフキャンプは、自分の内なるマニトウとの対峙と、モンスター退治に必要な、四つの生きるチカラを高める冒険プログラムだ。この四つのチカラは、頭では大事だとわかっていても、どういうシチュエーションに立ったとき、どう使ったらいいのか。心地よいのか悪いのか。相手を傷つけるのか元気にするのか。体験的に知っているわけではないので実践できないことが多い。というのも、今の子どもたちは、本気で人と関わりあう体験が圧倒的に少ない。

それを、「オオカミごっこ」をしながら高めていこうというのがこのキャンプの狙いだ。子どもたちは群れのチームを作って、たくさんのアクティビティを体験する。たとえば森の中で、ロープで作った尻尾をつけ、チーム対抗で「尻尾とり」をする。つかみ合いをしたり、タックルをかけたりして相手の尻尾を抜いていく。とった尻尾の数をポイントとして競い合うのだ。

尻尾をとられた人は攻撃力はなくなるが、同じチームのメンバーの手助けならできる。攻撃はできなくても、仲間が攻撃するチャンスを作ったり、守ってあげたりする。子どもたちは森の中で斜面を転がり、泥んこになって競いあうのでキズが絶えない。

食事に関しても、とてもシビアだ。最初の昼食（家から持ってきた弁当）を食べたら、一泊して翌日家に帰るまで、一食も当たらないこともある。すべての食事は、狩りさながらのアクティビティの成果で決まる。群れの仲間と力を合わせてつかみとった成果が、食事の量に関係づけられている。獲物ゼロ＝食事ゼロ、もあり得るのだ。

生きる主体は君だということを、「獲物を得る＝食べる」ということを通じて感じやすくさせている。そして**主体的に生きるということは、コミュニケーションが必要で、個性を尊重しなければならず、チームワークでそれぞれが動き、ときには忍耐も必要だと気づく。**オオカミの四つの生きるチカラとは、主体的に生きてゆくチカラなのだ。

アクティビティは、チカラを合わせてオオカミの群れが狩りをするように進み、終了後は、グループカウンセラーが入って、その体験をふり返る。

「どんなことが起こっているとき、自分はどんな気持ちになり、どんな行動や反応をしたか」

できるだけ具体的な感覚として振り返り、自分を主体にして語る場をもつ。

アクティビティの最中、子どもたちは色々なことを感じている。自分の投げかけたアイデアを受け取ってもらえず悲しかったり、怖いと思っても言い出せなかったり、考えていることを口にできず黙っていたりする。また、群れの仲間が自分に気づいて守ってくれたことが嬉しかったりもする。さまざまな心のプロセスが起こっているのだ。

そんな人間関係の中で起きる恐怖や不安の感覚を、マニトウ（モンスター）として語ってもらう。

「そのときモンスターが来たんかぁ。あいつは何て言うてきた？」

グループカウンセラーを中心に、子どもたちの中に内在している不安や恐れを、言葉で明らかにさせていく。すると本人も対峙しやすくなるし、群れのメンバーとも共有しやすくなる。

体験とふり返りをくり返すうちに、だんだんモンスターの正体がわかってくる。

このキャンプの中で子どもたちがとり組むのは、自分と仲間の存在を大切にするということだ。

四つのチカラが大切というだけでなく、怖いと感じている人が「怖い」と言い出せること。どんなふうにその思いを聴いてあげたらいいか考えること。どういう手助けをすることが、その子のあるがままを大事にすることなのか。キャンプをしながら、子どもたちは体験を通して理解していく。

あの日、サウスダコタでぼくが見たビジョンは、このような形に実を結んでいる。

「自分らしい」に縛られず生きる

人は、さまざまな運命的背景をもって生まれてくる。

運命とは、その人の命（魂）に創造主から与えられたもの。それをいかに宿命に変えられるかが、ぼくらの課題ではなかろうか。

宿命とは、自分の命に宿っている宿題だ。宿題はやっぱり、やらないよりもやったほうがいい。生きているうちに人生の宿題を終わらせなければ、どこかに空虚な気持ちが残る。

どれだけ成功したとしても、忘れ物をしているような、とり組むべきことから逃げてしまったような、そんな気持ちになるのではないだろうか。

持って生まれた運命には、理不尽なことも多くある。どうしてこんな家に生まれてきてしまったのだろう、どうして私にだけこんなことがくり返し起こるんだろう。そう思う人もいるかもしれない。

でも、ビジョンクエストやサンダンスなど苦しみを伴う儀式を繰り返すラコタの人を見

ている と、苦の体験を通る過程で、ふだん起こっていることに意味を見出していることがある。

「私にはこういう課題があるから、この家に生まれてきたのだ」

「こういう境遇が用意されていたんだ」

自分の人生を請け負うことを大いなる存在と約束し、納得して歩き始めると、誰かにやらされている感じだった人生が主体的なものになる。困難を受け入れ、そこから丁寧に何かを学ぶようになる。

運命を恨んでいたころは、「なぜこんなところに生まれてきたのか」「どうしてこんな境遇に育ったのか」と思っていた人も、学びを深めてゆくうちに宿命に気づき「だから、創造主は自分にこのような境遇を用意したのだ」と宿題としてとり組もうと思えるようになり、いつしかその巡り合わせに感謝するようになる。

そうなると、今度は自分が学んだこと、自分が知り得たこと、自分が身につけたこのチカラを、世のため人のために使おう——宿命が、使命となってゆくのである。

これが、「自分として生きる」ということだと思う。この一連のプロセスは簡単なものではない。困難な道のりだ。何度も試され、折れそうにもなる。

ラコタの人にとってこれを推進する大きな力となるのが、セレモニーであり、グレートスピリットに、あるがまま呼びかけ祈ることだ。その返答がビジョンとして現れ、次の道が示される。使命を果たすたびに自分の中に自信を感じるようになっていく。

ところで、「あなたらしい」とか「あなたらしく」と言われて、カチンときたことはないだろうか。

「私のことなんて知りもしないくせに、知ったこと言わないで！」

まわりに流され、あるがままの自分を見失い、心細く感じているとき。「あなたらしくない」なんて言われたときには、かみつきたくもなる。

「自分らしく」という言葉は、ぼくも好きではない。この言葉にはどこかに正解があって、しかも正解は他者が持っていて、それに近づけば周囲が認めてくれるような、客体性の強さを感じる。

自分が自分として生きていけたら、それこそが幸せだ。「何が自分らしいの？」と探し始めるから見つからなくなって、いつまでも自分探しをしてしまう。答えがどこかにあると思ってしまう。

正解など、本当はどこにもない。自分の魂が「ＯＫ」を出すしかない。

ぼくの魂のＯＫサインは、「嬉しい」という感覚でやってくる。「なぜこの仕事をしているのですか?」と聴かれたら、「それをしていると、ぼく自身が嬉しいからです」と答える。「嬉しい」は魂のOKサインだ。

「楽しい」は「嬉しい」と似ているけれど、少し違う。

「楽しい」という感覚は、その場限りのことも多い。ぼくの友人が、半分怒って半分やりきれない気持ちで話してくれたことがある。

「あいつ、あのとき、『それやろうや！　面白そうやん。そんなんできたらめっちゃ楽しいで』って、楽しそうに言うとってんで。そやのに3日後に死んでしまいよって……」

「楽しい」は、一時的に起こる感情で表面的だ。

だが、「嬉しい」という感覚は、自分の魂の深いところで出会う感情だと思う。

ぼくの場合は、毎年仲間をサウスダコタの旅に連れて行って喜んでもらえることも、ワークショップやキャンプでみんなが元気になっていくことも、生徒たちが大きく成長していくことも、嬉しいのだ。

魂が嬉しいと感じることをやって、自分として生きていく。

何よりも自分が自分の使命を生きているときは、「嬉しい」感覚にいっぱい出会える。

そしていっぱい泣ける。

自分の物語を語る

ぼくが今一番したいこと、それは神話の語りだ。

神話は、いつかどこかで誰かの上に起こった事実だ。

誰かがそれを体験し、リアリティーをもって他の誰かに語り、それを聴いた他の誰かの内にある感覚と共震し、気づきを生んだ。このプロセスが綿々と続くうちに、物語になっていったもの——それが神話である。

神話を語ると、聴く者の魂は何かを感覚的につかまえる。わけもわからず涙が流れることもある。意味はその人の中で徐々に姿を現す。

神話にはイソップ物語のように明らかなメッセージがあるわけではないし、人や状況によって、受け取り方も違う。でも、話を聴くことによって救われる人もいれば、自分を投影し勇気を持って一歩を踏み出していく人もいる。

神話を一本の木に刻み、トーテムポールを作るクリンギット族の創世神話は、こんなふうに始まる。

Don't be afraid to talk about a spirit.

――魂を語ることをどうして恐れる必要があろうか。

この創世神話は、ワタリガラスが魂の火を取りにいく話だ。始まりの神話がそこからスタートするように、ぼくらも自分の魂の火を取りに行き、自分について語ることを始めなければいけない。

人は物語を生きている。

物語は、それぞれの信念や、思いこみや、ものの見方を通して生まれていく。幸せでいるための信念や思いこみは、ぼくらに日々の幸せを運んできてくれる。だが、そうはさせない信念や思いこみを持ってしまうこともある。

誰も自分の存在や価値を認めてくれないという思いこみ。

失敗してはいけないという信念。

自分の意見など言わないほうがうまくいくという思いこみ。

また、人（親）の物語の中に取りこまれることもある。自分は自分の物語の主人公なのに、常に誰かの顔色をうかがいながら、誰かの物語の脇役となって生きている。自分の価値を認められず、自分を大切にできないまま、その信念や思いこみを何代にもわたって連鎖させていく家族もいる。

しかし、どこかでおかしいと気づいたり、思い悩んだり、体が不調になったりしたときや、それまでの物語をしっかり受けとめてくれる人と出会ったときが、物語書き換えのチャンスだ。

なぜ、自分はこんなにも生きづらいのか。何を恐れているのか。自分の中にある不安や恐れを認め、大きく膨れ上がったモンスターの正体が見えてくると、そこから物語の再編集が始まる。

一つひとつのストーリーは、とても断片的だ。人はひどく傷ついたとき、自分を守るためその感情と出来事を封印する。するとその部分の記憶がなくなることだってある。心の中にあるたくさんの記憶のカギのかかった箱にしまいこまれ、眠っている。

しかし、「今から私が変わります」と、大いなる存在に約束すると、さまざまなことが動き出す。偶然の一致が起こり始め、絶妙な出会いがセッティングされ、意味深いサインが示されるだろう。封印した箱のカギがはずれ、眠っていた感覚が浮上してくる。

不安や悲しみや恐れを少しずつ誰かに語り始めると、共感が生まれ、たくさんのフィードバックをもらって、さらに多くのカギが開くだろう。

て見える。

「小学校のころに、こんなことがあった」

「忘れていたけれど、友だちにこんなことを言われた」

「だからぼくは、こんなふうに思いこんだ」

話していくうちに、少し自分が変わるのがわかるはずだ。今までは当たり前だと思っていたことが当たり前ではなくなって、違和感が芽生えてくる。今まで見ていた風景が違って見える。

信頼できる人に感情をむき出しにして語り、泣き、怒り、笑い、そのすべてを聴いてもらって「これでいいのだ」と思えたとき、心の中に漠然とあった孤立の不安や恐れが弱まっていく。

あきらめていたことに再びチャレンジしようと思えたときや、逃げたくないと思ったとき、新しいあなたの物語は、とてもすてきなものになるだろう。

自分の物語を、語り始めなければならない。

自分の心を開くと、相手も心を開いてくれる。

なぜなら、開いた分だけ自分のことが相手に見えるから相手も安心するのだ。心と心は相互に作用している。

「○○ちゃんは、こんなところがあるよね。だから、私はいつも安心していられる。ありがとう！」

ネガティブなこともポジティブなこともフィードバックできる関係は、相手との絆をゆるやかに結んでいく。

共感しながら聴いてくれる仲間は、たぶんとても近くにいる。聴いてもらって心の財布にプラスのコインがたまったら、今度はあなたが聴く側に回ればいい。

誰かがきっと、あなたを必要としている。

勇気をもって恐れずに、自分の物語を語り始めよう。

Don't be afraid to talk about a spirit!

リトルウルフキャンプのオープニングで語られる神話の中で、モンスターはこんなふうに言いながら近づいてくる。

「オマエは誰だ？　オマエは誰だ？　もう知っているはずだ」

「歌を歌え、歌を歌え……」

その歌とは、復活の歌だ。

おわりに

まもなくぼくがマザーアース・エデュケーション（M・E・E）という環境教育団体を立ち上げて四半世紀をむかえようとしている。

その年月は、そっくりそのまま、ぼくがアメリカ先住民・ラコタ族の人々と出会い、共に学んできた時間と重なり合っている。

ぼくが主宰するこのM・E・Eのプログラムは、二つの側面を持っている。

その一つは、「先住民の知恵と生き方から学ぶ環境教育プログラム」。

アメリカ先住民＝インディアンの人たちが、長い間、大自然と向き合い、共に生きてきた体験から紡ぎ出された「知恵」や、生きる上でよりどころにしてきた「大切なこと」を、彼らの儀式を通して体感すること。

そして二つ目は、「自分と、自分をとりまく様々な生命との関係教育」。

自分と誰かがどんな風に関わり合っているのか。主体的に互いの存在を大切にした関わり方を選びとっていくという関係性の変化のプロセスを強調することだ。

本書は、これらの二側面を縦糸と横糸にして、四半世紀かけて織りなされた布のようなものだ。

これまでたくさんの人と出会ってきたなかでぼくがいちばん強く感じたのは、自分の人生という物語の主人公は「自分」であるはずなのに、主役をおりて誰かの物語を生きている人があまりに多いということ。

主人公でない人達は、人に決められた台本通りに人生を歩くため、「どうあるか？」ではなく、「どう見られるか？」という客体性を意識して生きていることが多い。

インディアンの多くの部族で使われる言葉を借りて言うならば、一人ひとりの存在は「生命の木」。そして人生は「旅する木の物語」のはずだ。

だが、自分に自信を持って「生命の木」の根をしっかり大地に下ろさないと、強風にあおられてポッキリ折れてしまったり、倒れてしまうこともある。いくら枝ぶりがよくても、大切なのは根なのだ。この根こそ、「自己肯定感」である。

多くの人の人生に起こる本当の問題は、自己肯定感が育まれてこなかったことに端を発しているとぼくはこの年月の中で痛感してきた。自己肯定感、自信さえ持てれば、ぼくたちはいつでも人生を自分の手の中に取り戻せる。

インディアンたちは独自の文化の中で、そここそをいちばん大切に育ててきたように思う。

あなたがそこにいるだけで嬉しいと思っている空気。やさしさと愛情に満ちた拡大した家族の中で育まれる自己肯定感の根っこは、少々の雨風では揺らがないし、万が一幹が折れてもすぐに復活できる。

本書を読んだみなさんの生命の木の根が、少しでも深く、広く大地と結びつく手助けができたら、これ以上嬉しいことはない。

２０１３年１月

松木正

松木正 | Matsuki Tadashi

1962年、京都府伏見生まれ。キャンプカウンセラー、YMCA職員などを経て環境教育を学ぶために89年渡米。サウスダコタ州ラコタ(スー)族の居留区でYMCAのコミュニティ活動にかかわりながら、彼らの自然観、生き方、伝統儀式などを学ぶ。帰国後、インディアンの儀式を取り入れた環境教育プログラムを展開。現在、神戸で「マザーアース・エデュケーション」を主宰し、キャンプの企画や指導、企業研修、公立高校での人間関係トレーニングなど、環境教育を軸に幅広く活動している。ラコタ族の儀式・伝統の継承を許された数少ない日本人の一人。著書にロングセラーとなった、『自分を信じて生きる』(小学館)がある。

あるがままの自分《じぶん》を生《い》きていく
インディアンの教え

2013年3月5日　第1刷発行

著　者　松木正《まつきただし》
発行者　佐藤 靖
発行所　大和《だいわ》書房
東京都文京区関口1-33-4
電話　03-3203-4511
編集協力　菅 聖子
イラスト　菅原瑞希
ブックデザイン　坂川栄治+永井亜矢子 (坂川事務所)
本文印刷所　信毎書籍印刷
カバー印刷所　歩プロセス
製本所　小泉製本

ISBN978-4-479-39237-8

http://www.daiwashobo.co.jp